# HISTORIAS DE CRÍMENES REALES

## REALES

VOLUMEN 9

## JASON NEAL

AKAMAI PUBLISHING

# Más libros de Jason Neal

¿Buscas más? Constantemente añado nuevos volúmenes de Historias de crímenes reales y todos los libros están también disponibles en rústica, tapa dura y audiolibros, y **pueden leerse en cualquier orden**.

**Consulta la serie completa en Amazon.**

## Elige tu audiolibro gratuito de True Crime

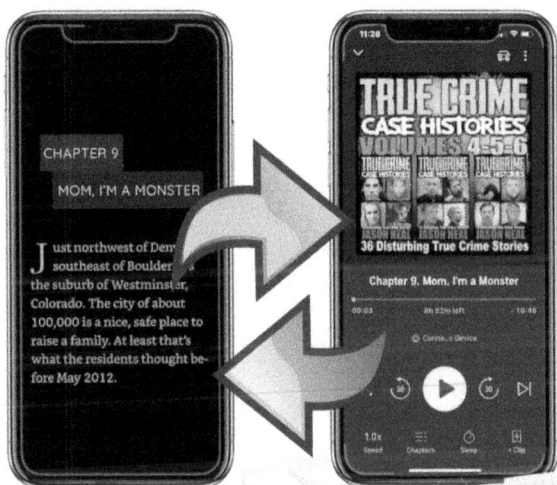

**Add Audible Narration and** Keep the Story Going!
**Plus Get a** FREE True Crime Audiobook!

Alterna entre escuchar un audiolibro y leer en tu Kindle. **Además, ¡elige tu primer audiolibro GRATIS!**

https://geni.us/AudibleTrueCrime

# ÍNDICE

# INTRODUCCIÓN

Si eres aficionado a los crímenes reales, sin duda conoces los casos más conocidos: Ted Bundy, BTK, David Berkowitz, Christopher Watts, Diane Downs, Casey Anthony, Jeffrey Dahmer, Jodi Arias, Ed Gein, etc. La lista de casos conocidos y notorios a lo largo de la historia parece interminable. Libros, sitios web, podcasts, series de televisión en streaming y revistas están llenos de sus abominables historias de caos. Son algunos de los asesinos más diabólicos que el mundo ha conocido.

Algunos mataban sólo por la emoción de hacerlo, otros estaban cegados por ataques de celos. Algunos asesinaron por codicia, por la custodia de los hijos o por el pago del seguro, mientras que otros sólo querían saber qué se sentía al acabar con la vida de una persona. Por supuesto, las enfermedades mentales intervienen en innumerables asesinatos.

En mis libros, hago todo lo posible por encontrar historias de las que quizá no hayas oído hablar. Por supuesto, para algunos aficionados acérrimos al verdadero crimen, esa es una tarea difícil. Sin embargo, mi objetivo es que la gran mayoría de los lectores conozcan algo nuevo, que lean una historia de la que no han oído hablar.

Precisamente por eso pido a mis lectores que me envíen ideas de historias. Los casos que me parecen más interesantes son los que no he visto en ninguna parte de Internet, cuando tengo que indagar mucho para encontrar alguna información. Me encanta investigar. A los que me habéis enviado ideas en el pasado, muchas gracias. Por favor, enviad más. Estoy deseando recibir vuestros correos electrónicos con nuevos casos que investigar.

Varios lectores enviaron historias que se encuentran en este volumen, incluida la de Stephanie Hebert, de cinco años, que caminó sólo tres casas por su tranquila acera suburbana y desapareció para siempre. Su caso se enfrió durante cuarenta años antes de que otros niños de su vecindario se presentaran en la edad adulta con información que condujera al asesino.

Varios otros relatos de este volumen fueron enviados por los lectores y he programado aún más para que aparezcan en los próximos volúmenes de Historias de crímenes reales.

Si quieres enviarme una historia que recuerdes del pasado y que haya recibido poca atención de los medios de comunicación, envíamela por correo electrónico. Me encantaría ver qué detalles puedo descubrir. Encontrarás mi dirección de correo electrónico al final de este libro.

———

En este volumen, leerás doce historias variadas de crímenes reales que van desde la década de 1950 hasta 2020.

Está la historia de la madre sádica que sólo veía a sus hijos como engendros de su padre demonio, torturándolos durante toda su corta vida.

También leerás sobre el desquiciado equipo de marido y mujer que fundaron su propia secta y convirtieron en misión de su vida librar al mundo de las brujas.

Otro relato cuenta la descorazonadora historia del esqueleto de un niño pequeño encontrado en una maleta al borde de la carretera. Unos motoristas descubrieron el esqueleto de su madre a más de 600 millas de distancia. Habían pasado cinco años sin que nadie se hubiera dado cuenta de su desaparición.

———

Viendo las noticias, uno podría pensar que los delitos violentos van en aumento. Diablos, viendo las noticias, uno podría pensar que el mundo entero se está acabando... pero no es así. Según investigaciones recientes, la delincuencia violenta ha disminuido constantemente desde su punto álgido a principios de la década de 1990.

Es cierto que los asesinos en serie de los años 70 y 80 se han transformado en chicos con AR-15 que disparan en escuelas y tiendas de comestibles, pero en general se mata menos en el mundo. Debemos recordarlo. Es fácil pensar que las cosas están empeorando. Con las noticias de televisión 24 horas y los interminables canales de noticias que nos siguen por Internet, hoy vemos mucha más cobertura de asesinatos que durante la hora de noticias nocturnas que teníamos en décadas pasadas. Sólo quiero recordar a mis lectores que, en realidad, el mundo no se está yendo al infierno en un cesto de basura.

Aunque puede que nunca lleguemos a comprender realmente lo que pasa por la mente de un asesino, estudiando los casos y conociendo su trasfondo, al menos podemos llegar a comprender un poco lo que les mueve. Con un poco de suerte, podremos aprender del pasado.

———

Por último, te animo a que te unas a mi lista de correo para recibir descuentos, actualizaciones y un libro gratis. Puedes inscribirte aquí:

https://TrueCrimeCaseHistories.com

Puedes encontrar más fotos, vídeos y documentos relativos a los casos de este volumen en la página web adjunta, en

http://TrueCrimeCaseHistories.com/vol9/

Gracias por leer. Espero sinceramente que este volumen de Historias de crímenes reales te aporte alguna información.

- Jasón

# CAPÍTULO 1
# LA PEOR MADRE DEL MUNDO

En junio de 1984, Maybel Harrison conducía por la ruta estatal 89 de California, al noroeste del lago Tahoe, cuando los primeros indicios del amanecer empezaban a brillar contra las montañas de Sierra Nevada. Al pasar junto a la estación de esquí de Squaw Valley, vio brillantes destellos amarillos entre los árboles del arcén. Algo estaba ardiendo. Curiosa, paró el coche y bajó por la pendiente de la carretera para ver más de cerca. Lo que vio la horrorizó. Un cuerpo ardía sobre lo que parecía una pira funeraria improvisada.

Maybel volvió corriendo a la autopista y avisó a un camionero, que utilizó su radio CB para alertar al sheriff del condado de Placer. Cuando las autoridades llegaron y extinguieron el incendio, encontraron el cadáver de una mujer joven ardiendo encima de un montón de ropa y objetos personales diversos. La mujer parecía tener unos veinte años. Tenía las piernas y los brazos atados y la boca cubierta con cinta adhesiva. Su cuerpo estaba casi totalmente carbonizado. Las mejillas y la parte posterior de las pantorrillas eran las únicas partes del cuerpo que no se habían quemado.

En el montón que había bajo su cadáver, los investigadores encontraron trozos de ropa, joyas y un cepillo de dientes, pero ninguna identificación. El cuerpo y la ropa habían sido empapados con gasolina. Sin embargo, los investigadores se quedaron perplejos cuando se encontraron pañales desechables en el lugar del crimen. No había señales de un bebé y la autopsia reveló más tarde que la mujer nunca había dado a luz.

Los exámenes posteriores del cadáver mostraron que la niña había sufrido graves malos tratos durante un largo periodo de tiempo y que tenía una gran herida punzante en la espalda. Sin embargo, ni la herida ni los malos tratos la habían matado. Los pulmones de la mujer estaban llenos de hollín, lo que indicaba que había estado viva cuando le prendieron fuego, pero no había sido el fuego lo que la había matado. Había muerto por inhalación de humo. Los investigadores buscaron en los registros dentales y examinaron lo que quedaba de sus huellas dactilares, pero sencillamente no había ningún registro de la chica.

Se creó un dibujo composite basado en lo que quedaba de su rostro y se dio a conocer a los medios de comunicación, pero pasaron meses sin que se obtuvieran pistas sobre su identidad. A partir de ese momento, la chica sólo fue conocida como Jane Doe nº 4858-84.

———

Once meses después, a sólo seis millas de donde se encontró a la primera desconocida, un hombre que paseaba por el camping de Martis Creek vio una caja grande entre unos arbustos, no lejos de la carretera. Cuando la curiosidad le obligó a abrir la caja, encontró el cadáver de otra joven.

Una vez más, los investigadores no encontraron ninguna identificación en el lugar de los hechos y ningún informe de persona desaparecida coincidía con su descripción. La segunda niña había muerto de deshidratación e inanición. También ella mostraba signos de malos tratos graves. La segunda chica pasó a ser conocida como Jane Doe n° 6607-85.

Aunque los cadáveres se encontraron cerca el uno del otro, el segundo se halló al otro lado del condado, en una jurisdicción distinta, y los dos casos no estaban relacionados. Pasaría casi una década antes de que alguien aportara información sobre los dos asesinatos.

———

Habían pasado más de ocho años desde que encontraron los dos cadáveres y los horribles secretos de Terry Knorr, de veintitrés años, la habían carcomido desde que tenía memoria. Necesitaba contárselo a alguien. A cualquiera que la escuchara. Pero cuando Terry contó a la policía de Utah lo que sabía, la ignoraron. Igual que su terapeuta. Era una historia de locos. No podía ser verdad.

A finales de octubre de 1993, Terry Knorr llamó al 1-800-CRIME-TV, el número de teléfono del programa de televisión America's Most Wanted. Sabía que la escucharían. Los operadores del programa la pusieron en contacto con los detectives del condado de Placer, California, donde se había encontrado el primer cadáver. Por fin había encontrado a alguien que la tomaba en serio.

Terry compartió con los detectives toda una vida de horribles abusos a manos de su sádica madre, que condujeron a la muerte de sus dos hermanas, Suesan y Sheila Knorr. Menos de un mes después de su llamada, las dos desconocidas habían sido identificadas como sus hermanas y las autoridades habían detenido a sus dos hermanos y a su madre, Theresa Knorr.

———

Theresa Knorr nació como Theresa Cross en 1946, hija de Jim y Swannie Cross. Al principio de su adolescencia, el padre de Theresa había desarrollado la enfermedad de Parkinson y ya no podía trabajar, por lo que su madre tuvo que criar a la familia. Theresa estaba muy unida a su madre. Sin embargo, cuando sólo tenía quince años, mientras Theresa compraba alimentos con su madre, Swannie Cross se desplomó y murió en sus brazos.

La muerte de su madre afectó mucho a Theresa. Como su padre no podía trabajar, la familia se quedó sin ingresos y se vieron obligados a vender la casa en la que habían vivido. Theresa cayó en una profunda depresión y buscó a duras penas a alguien que la quisiera. Con sólo dieciséis años, abandonó el instituto y se casó con su primer novio, Clifford Sanders, de veintiún años.

Diez meses después de su boda, Theresa dio a luz a su primer hijo, Howard Sanders. Sin embargo, su joven matrimonio ya tenía problemas. Theresa sufría incesantes cambios de humor. En un momento era una esposa amable y cariñosa, y al siguiente estaba enfadada y acusadora. Se quejaba de que Clifford bebía demasiado e insistía en que se acostaba con mujeres que había conocido en bares. En junio de 1964, después de que Clifford pasara una noche de copas con unos amigos, Theresa le reprendió cuando por fin volvió a casa. En la discusión que siguió, Clifford le dio un puñetazo en la cara. Theresa denunció la agresión a la policía, pero se negó a presentar cargos contra su marido. Quizá se lo pensó mejor, o tenía otro plan.

Menos de un mes después, Clifford pasó su cumpleaños fuera con unos amigos en vez de en casa con Theresa, que ahora estaba embarazada de su segundo hijo. A primera hora de la mañana siguiente, 6 de julio de 1964, ella se enfrentó a él y volvió a acusarle de infidelidad. Clifford respondió a la acusación diciendo lo que llevaba tiempo pensando. Quería el divorcio. La noticia fue más de lo que ella podía soportar. Theresa montó en cólera, cogió un rifle y le disparó cuando salía por la puerta de atrás.

Clifford había levantado la mano para desviar el disparo, pero la bala le atravesó la muñeca, le entró por el pecho y siguió directamente hacia el corazón. Le mató al instante. Con sólo dieciocho años, Theresa fue acusada del asesinato de su marido.

Durante su juicio por asesinato, Theresa declaró que Clifford Sanders era un alcohólico maltratador y que ella lo había matado en defensa propia. Lloró mientras contaba al tribunal que había cogido la pistola sólo con la intención de amenazarle. Sólo quería que dejara de pegarle. Afirmó que el arma se había disparado accidentalmente.

Aunque no había pruebas de hematomas ni otros signos de maltrato físico en su cuerpo, como ella había afirmado, así como una autopsia del cuerpo de Clifford que reveló que no había alcohol en su organismo en el momento de su muerte, el jurado no pudo decir que no a la pobre joven embarazada. Fue absuelta. Tras el juicio, varios de los miembros del jurado se acercaron a ella y la abrazaron, expresando su satisfacción por haberse librado por fin de "aquel hombre horrible".

Al día siguiente de su absolución, Theresa se presentó descaradamente en la oficina del fiscal del distrito, exigiendo que le devolvieran el rifle que se había utilizado como prueba contra ella.

En marzo siguiente, Theresa dio a luz a su segunda hija, Sheila, y empezó a salir con Robert Knorr, soldado raso del Cuerpo de Marines. Knorr había hecho un período de servicio en Vietnam, donde le dispararon en dos ocasiones distintas y también voló un puente bajo sus pies. Los tres incidentes le dejaron heridas graves que requirieron varios meses de recuperación en un hospital militar.

A los pocos meses de conocer a Robert Knorr, Theresa volvió a quedarse embarazada. El 9 de julio de 1966, ella y Robert Knorr se casaron. En septiembre dio a luz a su tercer hijo, Suesan Knorr, y la pareja tuvo dos hijos más en rápida sucesión, William y Robert Jr. Knorr.

Debido a sus heridas en Vietnam, las oportunidades laborales posteriores de Robert Knorr con el ejército fueron limitadas. Restringido a trabajos ligeros, fue asignado como escolta funerario, lo que exigía viajar por todo el país. Cuando los jóvenes regresaban de Vietnam en bolsas para cadáveres, Robert Knorr estaba allí para llevar un ataúd o disparar un rifle al aire como parte de un saludo de veintiún cañonazos.

Con su marido ausente durante varios días seguidos, dejó a Teresa en casa para cuidar de cinco hijos. De nuevo, su imaginación se desbocó. Como hizo con su primer marido, Teresa acusó a Robert de infidelidad.

Al enconarse su ira, Theresa dirigió su agresividad contra sus hijos, maltratándolos física, verbal y psicológicamente. A finales de 1969, Theresa estaba embarazada por sexta vez, pero su matrimonio con Robert se derrumbaba rápidamente. Era propensa a frecuentes arrebatos de ira y acusaciones, y Robert no podía soportar ni un día más lo que se convertiría en el inicio de su trastorno límite de la personalidad. Con Theresa embarazada de siete meses, ambos se divorciaron en junio de 1970.

Dos meses después de finalizar el divorcio, Theresa dio a luz a una niña, Terry. Sin embargo, cuando Robert fue a visitar a los niños, ella se negó a permitirle el acceso. A partir de ese momento, Robert ya no pudo ver a sus hijos.

Al año siguiente, Theresa Knorr volvió a casarse. Esta vez, sin embargo, las acusaciones de infidelidad volaron tanto de ella como de su nuevo marido desde el principio. Se divorciaron al cabo de un año.

Theresa pasó los cuatro años siguientes bebiendo en el American Legion Hall de Río Linda, California, y a menudo dejaba a sus hijos solos en casa durante días enteros. En agosto de 1976 conoció a Chet Harris y se casó con él, tras conocerse sólo tres días. Chet era casi treinta años mayor que Theresa. Aunque pronto empezó a odiarle, él y su hija, Suesan, se hicieron íntimos, lo que la enfureció aún más. Tras menos de cuatro meses de matrimonio, volvió a divorciarse.

El divorcio definitivo cambió radicalmente a Theresa. Cada vez bebía más, engordó muchísimo y se volvió cada vez más antisocial, hasta el punto de que se deshizo del teléfono porque no quería hablar con nadie y ni siquiera permitía que los niños recibieran visitas de amigos. Por desgracia, el cambio que más notaron los niños fue a nivel de malos tratos. Para Teresa, los niños eran el engendro del diablo, Robert Knorr, por lo que merecían ser castigados.

A medida que aumentaba su nivel de bebida, también lo hacía su manía. A menudo arrojaba cuchillos de cocina o tijeras a los niños y una vez puso una pistola en la cabeza de su hija menor, Terry, amenazándola con matarla. Las palizas eran casi diarias. Los niños eran quemados con cigarrillos y alimentados a la fuerza hasta el punto de vomitar. Cuando vomitaban, les obligaba a comérselo también. Theresa ordenaba a sus hijos que sujetaran a los demás cuando llegaba el momento de la paliza, y a menudo ordenaba a los chicos que participaran en la paliza de sus hermanos o se enfrentaran a una paliza ellos mismos.

Las niñas recibían la mayor parte de los malos tratos, sobre todo Suesan. Los delirios de Teresa eran cada vez más demenciales. Realmente creía que sus hijas eran demonios. A medida que Theresa envejecía, engordaba y se volvía más fea, las niñas, al llegar a la adolescencia, se volvían más hermosas. Theresa, que antes había sido joven y atractiva, estaba convencida de que las chicas la habían hechizado: le robaban su belleza y la hacían engordar.

Howard, el hijo mayor, fue el afortunado. Consiguió alejarse de la locura. Se marchó de casa cuando la familia se trasladó a un destartalado parque de caravanas en Auburn Boulevard, Sacramento, en 1983, justo antes de que empezara la auténtica locura.

El nuevo barrio era conocido por los moteles de mala muerte, la prostitución callejera, los heroinómanos y los traficantes de drogas. Pero incluso en un barrio así, la familia Knorr destacaba. Los vecinos se dieron cuenta de que su piso de dos habitaciones olía a orina y que a los niños rara vez se les dejaba salir de casa.

En 1980, Suesan Knorr, de quince años, fue recogida en las calles de Sacramento. Se había escapado de casa e intentaba sobrevivir como prostituta. Suesan fue capturada por un agente de absentismo escolar e ingresada en un hospital psiquiátrico. En el hospital, contó los abusos extremos que había recibido de su madre. Sin embargo, cuando las autoridades se enfrentaron a su madre, Teresa negó cualquier acusación de malos tratos. Los otros niños respaldaron la mentira de su madre, sabiendo que les pegarían si no lo hacían. Theresa aseguró a las autoridades que Suesan tenía problemas mentales y solía inventarse historias disparatadas. Sin más investigación, Suesan fue devuelta a la custodia de su madre.

Muerta de miedo, Suesan volvió a casa y se preparó para lo peor. Teresa se puso unos pesados guantes de cuero para proteger sus puños mientras castigaba a su hija con una brutal paliza. Todos los hermanos de Suesan recibieron la orden de participar también en la paliza, pasándose los guantes de cuero hasta que quedaron cubiertos de la sangre de Suesan.

Por su rebeldía, Suesan fue esposada debajo de la mesa de la cocina y se ordenó a los demás niños que la vigilaran para asegurarse de que no se escapaba. A partir de ese momento, ninguno de los niños volvió a ir a la escuela. Theresa había comunicado a su anterior escuela que se habían mudado fuera del distrito escolar, pero nunca se molestó en matricular a los niños en una nueva escuela. La mayoría no pasó del octavo curso.

A Suesan la mantuvieron sujeta bajo la mesa durante los dos años siguientes. Sólo le quitaban la mordaza de la boca de vez en cuando, cuando su madre la alimentaba a mano. Cuando Suesan se rebelaba, la alimentaban a la fuerza hasta que vomitaba. Teresa, por supuesto, también la obligaba a comer. En 1982, la voluntad de Suesan se había quebrado y su madre le quitó las esposas. Por fin le permitieron dormir con los otros niños.

A pesar de los malos tratos, Suesan era la única niña que había tenido el valor suficiente para enfrentarse a su madre, pero su rebeldía la convirtió continuamente en un objetivo. Durante una discusión en junio de 1983, Teresa montó en cólera y ordenó a sus hijos que mantuvieran quieta a Suesan mientras ella sacaba una pistola y disparaba a su hija en el pecho.

Suesan se desplomó y se desangró en el suelo, pero seguía viva. A duras penas. La bala no había alcanzado ningún órgano vital, pero se había alojado en la columna vertebral. Teresa ordenó a los niños que esposaran a Suesan y la metieran en la bañera, donde permaneció casi dos meses mientras su madre la cuidaba para que recuperara la salud. Se ordenó a los niños que no se lo dijeran a nadie.

Milagrosamente, Suesan se recuperó. Cuando se recuperó, Suesan suplicó a su madre que la dejara salir de casa para buscarse la vida por su cuenta y, sorprendentemente, Teresa accedió. Pero su libertad vendría con una condición: tenían que extirparle la bala de la columna vertebral. Teresa no quería que quedaran pruebas de que había disparado a su hija.

En julio de 1984, Theresa Knorr se preparó para una operación amateur en su casa. Dio a Suesan una fuerte dosis de tioridazina (un fármaco para tratar la esquizofrenia) y una botella de whisky, y luego la tumbó en la mesa de la cocina. El cóctel de drogas y alcohol dejó inconsciente a Suesan y comenzó la operación.

Theresa entregó a su hijo, Robert Jr., un cuchillo X-Acto y le ordenó que hurgara en su espalda para buscar la bala. Robert excavó profundamente en la espalda de su hermana con el cuchillo y palpó con los dedos para encontrar y extraer la bala. La operación fue un éxito. Pero, cuando Suesan despertó por fin, su dolor era insoportable. Theresa le dio antibióticos e ibuprofeno para aliviar el dolor, pero sólo parecieron empeorar su estado. Al cabo de unos días, los ojos de Suesan se habían vuelto amarillos y ya no podía controlar los intestinos. Las hemorragias internas le causaron enormes hematomas negros en la espalda. Suesan entró en coma.

El 16 de julio de 1984, Theresa llenó bolsas de basura de plástico con todas las pertenencias de Suesan. Cada prenda de ropa que poseía, cada foto suya, cualquier cosa que demostrara que alguna vez había existido fue a parar a las bolsas de basura. Luego ordenó a William y Robert Jr. que pusieran un pañal a su hermana, le taparan la boca con cinta adhesiva y la llevaran al maletero del coche.

La familia salió de Sacramento con Suesan en el maletero y condujo hacia el este hasta llegar a la autopista 89. Condujeron hacia el sur durante la noche por la autopista 89 y se detuvieron cerca de las orillas del arroyo Square. Theresa llevó las bolsas de basura con las pertenencias de Suesan a una zona cercana al lecho del arroyo mientras los chicos cargaban con su hermana y la tumbaban encima de las bolsas de basura. A continuación, Theresa roció a su hija y sus pertenencias con gasolina, encendió una cerilla y se marchó.

———

No pasó mucho tiempo antes de que toda la ira y la locura que se habían dirigido contra Suesan se dirigieran contra Sheila. Theresa había estado cobrando el paro, pero encontró una nueva forma de complementar sus ingresos: obligó a Sheila, de veinte años, a prostituirse en la calle.

La vida como prostituta horrorizaba a Sheila, pero parecía complacer a Theresa. El dinero que Sheila traía a casa era mucho mayor que las pagas del paro. Gracias a ello, Sheila podía salir de casa a su antojo durante breves periodos de tiempo y recibía menos palizas.

Pero en mayo de 1985 todo cambió. Theresa contrajo una enfermedad de transmisión sexual, y lo que es peor, creía que se había contagiado por usar el retrete después de Sheila. También acusó a Sheila de haberse dejado embarazar durante su trabajo sexual.

Sheila estaba amordazada, tenía los pies atados y las manos atadas a la espalda. Theresa, William y Robert Jr. golpearon a Sheila hasta casi matarla. Luego la metieron en un pequeño armario para la ropa blanca de sólo dieciséis por veinticuatro pulgadas. Las estanterías del armario lo hacían aún más pequeño. Sólo tenía sitio para estar de pie. No podía arrodillarse, sentarse ni darse la vuelta. Aunque los niños podían oír gruñidos y gemidos procedentes del armario, tenían estrictamente prohibido abrir la puerta bajo ninguna circunstancia. Ni comida, ni agua, ni baño. Nada de nada. Cuando los ruidos procedentes del armario eran demasiado fuertes, Theresa se limitaba a subir el volumen de la televisión.

Al cabo de tres días en el armario, la familia oyó un fuerte golpe. Aun así, Teresa insistió en que ninguno de los niños abriera la puerta del armario. Sin embargo, al cabo de otros tres días, el olor era demasiado para soportarlo. Cuando abrieron la puerta, el cuerpo en descomposición de Sheila estaba acurrucado en el suelo. Había muerto de inanición y deshidratación.

———

Theresa llenó una gran caja de cartón con mantas y los chicos colocaron el cuerpo de Sheila en la caja. Luego metieron la caja en el maletero y volvieron a conducir de noche hacia el lago Tahoe. Theresa indicó a los chicos que tiraran la caja junto a unos arbustos cerca de la orilla de un pequeño lago en el camping de Martis Creek. Pocas horas después de que arrojaran su cadáver, un hombre encontró la caja y alertó a la policía.

———

Durante los tres meses siguientes, la familia siguió percibiendo el inconfundible olor a descomposición que persistía en la casa. Theresa estaba convencida de que sólo el olor podía implicarla en la muerte de su hija. El 29 de septiembre de 1986, la familia empaquetó sus pertenencias y se mudó. Sin embargo, a Terry, de dieciséis años, le ordenaron que volviera al apartamento, lo empapara en líquido para encendedores y le prendiera fuego. Hizo lo que le dijeron, pero los tres recipientes de líquido para encendedores no bastaron para causar muchos daños. Los vecinos llamaron rápidamente a los bomberos y la mayor parte del piso quedó intacta, incluido el armario donde Sheila había muerto.

Terry sabía que sería el próximo objetivo de la ira de su madre: sus dos hermanas se lo habían advertido. En lugar de esconderse con su madre y sus hermanos, Terry huyó. Se había quedado con el carné de Sheila y pasó los años siguientes haciéndose pasar por su hermana.

Tras abandonar el hogar de Sacramento, William, de veinticuatro años, también cortó los lazos con su madre y se fue a vivir con su novia. Robert Jr. se quedó al lado de su madre y ambos se trasladaron a Las Vegas.

Robert Jr. y Theresa Knorr mantuvieron un perfil bajo en Las Vegas durante años, hasta el 7 de noviembre de 1991, cuando Robert intentó robar en un bar y acabó matando al camarero. Fue declarado culpable de asesinato y condenado a dieciséis años de prisión. Inmediatamente después de la detención de su hijo, Theresa se trasladó a Salt Lake City, Utah, donde empezó a utilizar su apellido de soltera y consiguió un trabajo como cuidadora de una anciana.

------

Habían pasado casi nueve años desde la muerte de Sheila cuando Terry Knorr y su nuevo marido decidieron llamar a la línea directa de Los Más Buscados de América.

Cuando Terry contó a la policía la horrible historia, volvieron a examinar las pruebas recuperadas en las dos escenas de la desconocida. Se tomaron huellas dactilares de la caja en la que se había descubierto el cadáver de Sheila. Las huellas coincidían tanto con las de William como con las de Robert Jr. La caja fue rastreada hasta un cine en el que William había trabajado en el pasado.

William Knorr seguía viviendo en la zona de Sacramento y trabajaba en un almacén cuando fue detenido. Al ser interrogado, inicialmente lo negó todo. Sin embargo, cuando los detectives expusieron las pruebas contra él, su hermano y su madre, admitió su culpabilidad. Robert Jr. fue trasladado de su celda de la prisión de Nevada a California para ser acusado. También él negó inicialmente su implicación, pero más tarde admitió su culpabilidad.

Theresa Knorr había sido localizada a través de una solicitud de permiso de conducir que había presentado en Utah. Apenas cinco días antes de su detención, había sido arrestada por conducir bajo los efectos del alcohol. Cuando los agentes se presentaron en la dirección que figuraba en su permiso de conducir, ella ya estaba haciendo las maletas. Sabía que la policía la buscaba. Al ser interrogada por los detectives, se negó a cooperar y solicitó inmediatamente asistencia letrada.

Theresa Knorr fue acusada de dos cargos de asesinato, dos cargos de conspiración para cometer asesinato y dos cargos de circunstancias especiales: asesinato múltiple y asesinato mediante tortura. Inicialmente se declaró inocente, pero más tarde cambió su declaración cuando le dijeron que su hijo, William, pensaba testificar contra ella. Su declaración de culpabilidad eliminó la posibilidad de que fuera condenada a muerte.

El 17 de octubre de 1995, Theresa Knorr fue condenada a dos cadenas perpetuas consecutivas. Podrá optar a la libertad condicional en 2027, a la edad de ochenta años.

Aunque los chicos se habían declarado culpables, las circunstancias de su implicación en los asesinatos de sus hermanos no eran claras. Toda una vida de malos tratos y la amenaza constante de nuevos malos tratos influyeron claramente en su implicación.

Por su papel en los asesinatos, William Knorr fue condenado a libertad condicional y se le ordenó someterse a terapia psicológica. Robert Knorr Jr. recibió una condena adicional de tres años concurrente con la que ya tenía por el asesinato del camarero. Tras salir de prisión, Robert Jr. fue detenido de nuevo en 2014 por múltiples cargos de pornografía infantil. Su puesta en libertad está prevista para 2024.

Terry Knorr murió de un infarto mortal en 2011. Tenía cuarenta y un años.

# CAPÍTULO 2
# EL ASESINATO DE STEPHANIE HEBERT

W aggaman, Luisiana, se encuentra en la orilla oeste del río Misisipi, a sólo dieciocho millas río arriba de Nueva Orleans. A mediados de los años 70, la nueva subdivisión de Floral Acres parecía un buen lugar para formar una familia. A sólo unos cientos de metros del Mississippi, los niños pequeños trepaban por el gimnasio de la jungla en el gran parque infantil de la subdivisión y los padres se sentían seguros dejando que sus hijos jugaran libremente en las calles suburbanas. Desgraciadamente, en retrospectiva se demostraría más tarde que el modesto barrio suburbano era cualquier cosa menos seguro.

————

Aunque Stephanie Hebert, de cinco años, acababa de pasar la noche anterior en casa de su amiga Lorie, estaba impaciente por volver a casa de Lorie la tarde siguiente. Tenían planes para jugar todo el día. Era principios de junio de 1978 y Stephanie estaba entusiasmada. Por fin había llegado el verano y en pocos meses empezaría el primer curso. Lorie vivía sólo tres casas más abajo, en Aster Lane. Su madre la llamó: "Vuelve a cenar a las cinco y media", mientras Stephanie salía corriendo por la puerta y bajaba por la acera.

Joyce Hebert no se preocupó cuando Stephanie no se presentó a cenar. ¿Por qué iba a preocuparse? Stephanie sólo estaba a tres casas de distancia. Era evidente que estaba ocupada jugando y había perdido la noción del tiempo. Pero cuando Joyce se dirigió a casa de Lorie para recoger a su hija, el terror la golpeó. Stephanie no estaba allí. De hecho, ese día no había estado en casa de Lorie. No había dado ni unos pasos por Aster Lane.

La madre de Stephanie avisó inmediatamente a la policía y se inició una búsqueda exhaustiva de la niña de pelo rubio y ojos azules. Cuando Stephanie salió de casa llevaba un top rosa a cuadros, una falda rosa, chanclas y sus gafas azul bebé. Más de 150 agentes del sheriff e innumerables voluntarios registraron el barrio y los bosques cercanos. La búsqueda incluyó canales y zanjas de drenaje que atravesaban la marisma y el dique cercanos al río, pero no había rastro de Stephanie.

———

A la mañana siguiente, la desaparición de Stephanie Hebert era noticia de primera plana en toda la zona. Todo el mundo estaba alerta. Aquella tarde, una mujer que vendía helados y algodón de azúcar desde un camión situado a pocas manzanas de la casa de Stephanie llamó a la policía. Dijo a los detectives que hacia las cinco de la tarde del día en que desapareció, vio a Stephanie. La mujer estaba segura de que era ella. Recordó su pelo rubio, su top rosa a cuadros y sus gafas azul claro. La mujer afirmó que Stephanie llevaba de la mano a una mujer de mediana edad con el pelo castaño oscuro y muy maquillada. Les vendió dos algodones de azúcar y Stephanie parecía sonreír y estar contenta. La mujer recordó que las dos se marcharon en un Pontiac Trans Am 1974 azul oscuro, pero ésa fue la última vez que las vio.

Había pasado una semana entera sin rastro de Estefanía cuando la policía recibió otra pista. Otro testigo afirmaba haber visto a Estefanía y a la mujer de pelo oscuro. Esta vez, un hombre dijo a los detectives que hacía unos momentos las había visto subir a un autobús urbano que cruzaba el río alejándose de Nueva Orleans. La policía se apresuró a detener todos los autobuses urbanos en funcionamiento y buscó a Stephanie y a la mujer misteriosa, pero no tuvo suerte.

La policía recibía docenas de pistas a diario y cada una de ellas se comprobaba minuciosamente, pero ninguna conducía a ningún tipo de pista. Los detectives creían que Stephanie había sido secuestrada y que acabaría apareciendo algún tipo de petición de rescate, pero pasaban los días y no ocurría nada.

Tras dos semanas sin pistas, Joyce y Donald Hebert estaban perdidos. Se habían quedado sin opciones y estaban perdiendo la esperanza. Psíquicos de todo el país habían oído hablar del caso y ofrecían sus servicios y, llegados a este punto, la familia Hebert estaba dispuesta a probar cualquier cosa. Varios psíquicos dieron vagas pistas que a cualquiera se le habrían ocurrido. Irene Hughes, una vidente de Chicago, les dijo que Stephanie estaba al sur o suroeste de su casa y a menos de seis kilómetros. Otra, Dorothy Allison, que había afirmado haber ayudado al FBI a localizar a Patty Hearst, dijo a la familia que encontrarían a Estefanía en una zona boscosa cercana a una gran masa de agua. Otro más, Charles Commander, afirmó haber recibido visiones telepáticas y mensajes de que un hombre estaba torturando a la joven.

---

Habían pasado casi seis meses y el rastro se había enfriado a pesar de la recompensa de 5.000 dólares por información sobre el caso. No se había vuelto a ver a la mujer fuertemente maquillada ni al Pontiac Trans Am. Aunque los investigadores seguían creyendo que Stephanie había sido secuestrada, obviamente no había sido por un rescate y se temían lo peor.

---

A finales de noviembre, a treinta kilómetros de la casa de los Hebert, dos cazadores encontraron el esqueleto de una joven apoyado contra un tronco caído en el bosque. Un largo trozo de cuerda cubría los huesos, pues en otro tiempo se había sujetado con fuerza a su piel. A menos de metro y medio de distancia, los investigadores encontraron unas gafas azul claro, unas chanclas de goma y ropa rosa.

Stephanie se había astillado el diente frontal unos meses antes de desaparecer. Sin embargo, sus padres no se lo arreglaron porque era un diente de leche y, de todos modos, se habría caído pronto. Los médicos forenses cotejaron el diente astillado y determinaron que era el cadáver de Stephanie Hebert.

No había agujeros de bala en el cráneo ni otros signos de traumatismo que determinaran exactamente cómo había muerto, pero estaba claro que no se había adentrado en el bosque por su cuenta. Los detectives no estaban seguros de si la habían atado al árbol mientras estaba viva o si la habían matado primero. No había forma de saberlo. Los investigadores rastrearon la zona y utilizaron detectores de metales en busca de pistas, pero no encontraron nada, aparte de las pertenencias de Stephanie.

El FBI envió sus restos a Washington DC y la Institución Smithsonian analizó su cuerpo, buscando una posible causa de la muerte. Sin embargo, quedaba tan poco de ella que no pudieron declarar un resultado definitivo.

––––––

Un año después de su muerte, los fiscales habían elaborado una teoría. La noche anterior a su desaparición, Stephanie había ido a dormir a casa de su amiga Lorie y el hermano de ésta, Roger Alexander, de dieciséis años, había estado presente. Sin embargo, no está claro por qué creían que Roger estaba implicado. Aunque había estado en la casa la noche de la fiesta de pijamas, tenía una coartada sólida para todo el día siguiente; estaba en casa de un primo que no estaba cerca de la subdivisión de Floral Acres y tenía testigos que lo demostraban.

A pesar de pasar el polígrafo, los fiscales llevaron el caso ante un gran jurado. Sin embargo, las pruebas contra él eran totalmente circunstanciales y el gran jurado se negó a acusar al muchacho.

––––––

Durante los veinte años siguientes, Joyce y Donald Hebert estuvieron atormentados por el asesinato de su hija. Mucha gente, incluidos los detectives que habían trabajado en el caso originalmente, seguían creyendo que Roger Alexander podía haber sido el asesino. Aunque desde entonces se había trasladado fuera del estado, las sospechas siguieron a Roger durante la mayor parte de su vida.

En 2006, Joyce Hebert se puso en contacto con un detective retirado para que le ayudara con el caso. Aunque el comandante Sam Zinna no había trabajado en el caso originalmente, accedió a revisar viejos archivos y hacer todo lo posible por encontrar a su asesino.

Zinna colaboró con la oficina del sheriff de Jefferson Parish y se le permitió acceder a los archivos originales del caso y a las pruebas, que incluían la cuerda que se encontró enrollada alrededor del esqueleto de Stephanie Hebert. Zinna pidió que el laboratorio criminalístico analizara la cuerda con tecnología moderna que no estaba disponible en 1978. Al cabo de veintiocho años, se recuperó una muestra parcial de ADN de la cuerda que se creía había sido manipulada por el asesino. Sin embargo, no coincidía con el único sospechoso, Roger Alexander, y el caso volvió a enfriarse.

————

En 2012, Tina Lewis tenía un secreto que la carcomía por dentro. Ahora tenía cuarenta años y lo había reprimido durante la mayor parte de su vida, pero por fin se había armado de valor para contárselo a alguien. El 24 de julio llamó a la oficina del sheriff de Jefferson Parish desde su casa de Arkansas y denunció que había sido violada hacía más de treinta años cerca de su casa, en la urbanización Floral Acres de Waggaman.

Tina explicó que, cuando tenía siete u ocho años, su familia vivía al lado de un hombre llamado Daniel Parks. Parks había sido un amigo de confianza de su padre y a menudo había hecho de canguro de ella y de su hermano pequeño. Tina no estaba segura de la fecha exacta, ni siquiera del año en que había sucedido, porque había sido hacía más de treinta años.

Explicó que un día estaba jugando en casa de los Parks con su hermano y el hijo de éste cuando Daniel Parks pidió a los niños que jugaran al escondite. Parks dijo a su hijo y al hermano de Tina que fueran al dormitorio trasero y contaran hasta 100. Cuando los dos niños se fueron, Parks cogió a Tina de la mano y la llevó al cuarto de baño. Una vez dentro, cerró y atrancó la puerta y apagó las luces.

Cuando Tina preguntó por qué estaban apagadas las luces, Parks dijo: "Para que no nos encuentren". A continuación, Parks tumbó a Tina en el suelo del cuarto de baño y le quitó los calzoncillos y la ropa interior. Tina dijo a los investigadores que aún recordaba el sonido que hizo su cremallera cuando se bajó los pantalones. Luego se tumbó encima de ella y la violó. Cuando Tina le gimoteó a Parks que le estaba haciendo daño, él murmuró: "No te preocupes, ya casi he terminado".

Los dos chicos estaban llamando a la puerta del cuarto de baño cuando él se levantó, le puso la mano en la boca y le susurró: "Si le cuentas esto a alguien, mataré a tu padre y a tu hermano. Ahora vístete y vete a jugar". Tina no se lo contó a nadie.

Años más tarde, a los veinte, Tina tuvo sus propios hijos y los llevó a casa de sus padres cuando toda la familia fue invitada a casa de los Parks a una caldereta de langostinos. Ahora que era adulta, Tina estaba decidida a enfrentarse a él y entró en la cocina mientras él removía una olla de gumbo. Pero en lugar de enfrentarse a él, se quedó allí, congelada y sin habla. Había perdido los nervios. Parks la miró fijamente y le dijo: "No querrás acabar como la pobre Estefanía, ¿verdad?". Aterrorizada, Tina recogió a sus hijos y se marchó.

———

Justo antes de que Tina llamara a la oficina del sheriff de Jefferson Parish, había llamado a Daniel Parks y se había enfrentado a él por teléfono. Le dijo que llamaría al sheriff y que, después de tantos años, por fin iría a la cárcel.

El 17 de agosto de 2012, Daniel Parks Sr. fue detenido. Fue acusado de violación y se convirtió en el principal sospechoso del asesinato de Stephanie Hebert.

———

Durante el interrogatorio, Parks negó inicialmente haber violado a Tina. Afirmó que cuando se apagaron las luces aquel día, pudo haberse caído encima de ella, pero que no había pasado nada. Sin embargo, a medida que avanzaba la entrevista, admitió que podría haberla tocado de forma inapropiada.

Más tarde, Parks fue interrogado por segunda vez. Esta vez admitió que había violado a Tina.

> "Caí al suelo y mi mano estaba en el lugar adecuado para sentir algo y supongo que, ya sabes, el instinto animal más o menos empezó a tomar el control".

Afirmó que llevaba unos pantalones cortos recortados y que, cuando la tocó, se excitó y se le "salió" el pene. Dijo a los detectives que su pene entró en contacto con la vagina de ella, pero se retiró rápidamente, afirmando que la cabeza de su pene tocó su piel y la penetró sólo entre un octavo y un cuarto de pulgada. Pero el grado de penetración era irrelevante. En cualquier caso, fue violación.

Esa misma noche, en una tercera entrevista grabada, Parks recordó haber hecho la declaración a Tina años después, diciéndole: "Vete de aquí antes de que te encuentren como encontraron a la pobrecita Stephanie Hebert". Pero Parks negó tener nada que ver con la desaparición o el asesinato de Stephanie. Afirmó que sólo lo soltó para asustarla, que en realidad no era una amenaza.

———

Daniel Parks fue acusado y juzgado por violación con agravantes de una menor en diciembre de 2012. Otra chica del barrio que vivía cerca de Tina y Stephanie testificó a favor de Parks, diciendo al tribunal que había pasado la noche en casa de Parks varias veces cuando era niña y que nunca había encontrado ninguna conducta inapropiada por parte de Parks.

Su esposa, de cuarenta y un años, también testificó, diciendo que nunca había actuado de forma inapropiada con niños y que nunca habían recibido quejas de nadie con niños. Parks subió al estrado en su propia defensa y se retractó de su confesión. Afirmó que no había comido durante las nueve horas de interrogatorio. Como era diabético, se mareó y dijo lo que creyó que acabaría más rápido el interrogatorio.

Su abogado defensor señaló que no había ninguna prueba física que le relacionara con el delito y ninguna prueba de que el delito hubiera siquiera ocurrido. Argumentaron que Tina ni siquiera podía recordar en qué año había ocurrido y la acusaron de tener una "memoria falsa".

Doce jurados declararon unánimemente a Daniel Parks culpable de la violación de una menor. Fue condenado a cadena perpetua sin libertad condicional, libertad vigilada ni suspensión de condena.

––––––

Quedaba la duda de si Parks había matado a Stephanie Hebert. Aunque era el principal sospechoso por el comentario que hizo a Tina, no había pruebas físicas que lo relacionaran con el crimen. Además, el ADN parcial de la cuerda encontrada alrededor de Stephanie no coincidía con su ADN. Sin poder acusar a Parks, el caso de asesinato se enfrió por tercera vez.

––––––

Habían pasado cuarenta años desde el asesinato de Stephanie y Tom Martin, de cuarenta y siete años, ya no podía guardar su secreto. Había seguido la historia de su antigua vecina, Tina Lewis, y admiraba lo valiente que era por haber tenido por fin el valor de dar la cara después de tantos años. Tom también tenía una historia similar que estaba dispuesto a contar.

En noviembre de 2018, Tom Martin se puso en contacto con la Oficina del Sheriff de Jefferson Parish con una historia muy similar a la de Tina. Él también sufrió abusos sexuales de niño cuando vivía en Floral Acres. Entre los dos y los seis años, un vecino abusó repetidamente de Tom, pero no era Daniel Parks. Era un hombre llamado Jason Vendrick Franklin. No sólo había abusado de él, sino que Tom sabía que Franklin había abusado también de otros dos niños del barrio, una de las cuales era Stephanie Hebert. En el momento de su desaparición, Franklin vivía a sólo ocho casas de la casa de los Hebert, en Aster Lane.

Cuando la Oficina del Sheriff se puso en contacto con la otra víctima viva, Diana Foster, de cuarenta y ocho años, también contó la historia de sus repetidas violaciones.

Los detectives buscaron a Franklin y descubrieron que se había mudado de Luisiana algún tiempo después de la desaparición de Stephanie. En 2011, había sido acusado de hacer fotos obscenas a un niño de nueve años y condenado por posesión de pornografía infantil.

El 29 de noviembre de 2018, en el cuadragésimo aniversario del descubrimiento del cadáver de Stephanie Hebert, Jason Vendrick Franklin, de setenta y dos años, fue detenido en su domicilio de Pittsfield (Massachusetts) y trasladado a Luisiana. En su casa, los investigadores encontraron enormes colecciones de pornografía infantil.

———

En marzo de 2019, Franklin fue acusado de tres cargos de violación con agravantes de una víctima menor de trece años: Tom Martin, Diana Foster y Stephanie Hebert.

Jason Vendrick Franklin se convirtió en el principal sospechoso de la muerte de Stephanie Hebert, aunque todavía no había sido fichado por el crimen. Los detectives anunciaron que tenían pruebas concluyentes de que Franklin era el asesino, presumiblemente el ADN de la cuerda encontrada en la escena del crimen. Los cargos de asesinato eran inevitables pero, con Franklin ya detenido, los fiscales se tomaron su tiempo para construir un caso sólido.

Franklin permaneció en el Centro Correccional de Jefferson Parish durante los dos años siguientes, a la espera de juicio por las violaciones y sabiendo que se le acusaría de asesinato en grado de tentativa. Pero en 2021, debido a una enfermedad no revelada, fue ingresado en un centro de cuidados paliativos. Murió a principios de 2022 sin haber sido juzgado nunca por los crímenes.

# CAPÍTULO 3
# EL ÁGUILA SCOUT

Como muchos otros chicos de trece años a principios de los 80, la vida de Danny Joe Eberle giraba en torno a su bicicleta BMX. Se pasaba horas hojeando revistas de bicicletas, soñando con las nuevas piezas que podría comprar para su reluciente bicicleta cromada. Danny y su familia vivían al sur de Omaha, en Bellevue, Nebraska, y su bicicleta era la única razón por la que repartía periódicos para el Omaha World-Herald.

El domingo 18 de septiembre de 1983, muy temprano, Danny Joe recogió su fajo de periódicos de la edición dominical Sunrise en la tienda Kwik Stop, cerca de su casa. Habló brevemente con su supervisor Ray Rowell, enrolló los periódicos y se dirigió en bicicleta a la primera casa de su ruta.

Danny había salido del Kwik Stop poco después de las 5:30 de aquella mañana, pero a las 8:30 Ray Rowell recibió una llamada telefónica. Alguien de la ruta de Danny Joe aún no había recibido el periódico. La ruta de Danny Joe sólo tenía setenta casas; ya debería haber terminado. A Ray le pareció extraño y supuso que Danny Joe se había retrasado por algún motivo o que se había saltado alguna casa de la ruta sin querer. Sin embargo, unos minutos después llamó otro cliente.

Ray Rowell se dirigió a la primera casa de la ruta de Danny Joe para ver qué pasaba. Las tres primeras casas de la ruta habían recibido sus periódicos, pero apoyada junto a una valla en el patio delantero de la cuarta casa estaba la reluciente bicicleta BMX de Danny Joe. Junto a ella estaba su bolsa de periódicos sin entregar.

La bicicleta de Danny Joe era su orgullo. Lo era todo para él, nunca la habría abandonado. Ray Rowell llamó inmediatamente al padre de Danny Joe, Leonard Eberle, pero Danny tampoco estaba en casa. El padre y los dos hermanos de Danny Joe recorrieron el barrio buscándolo, pero simplemente se había esfumado. Leonard llamó entonces a la policía local y se inició una búsqueda exhaustiva.

Enseguida, la policía sospechó que Danny Joe había sido secuestrado. Sólo trece días antes, otro niño, Johnny Gosch, de doce años, había desaparecido a dos horas de distancia, en Des Moines, Iowa. Al igual que Danny Joe, Johnny había desaparecido mientras repartía periódicos. Los periódicos de Johnny y el carro en el que los llevaba fueron encontrados en la primera casa de su ruta. Debido a las similitudes de los casos, se recurrió al FBI para que ayudara a la policía de Bellevue.

El propietario de la cuarta casa de la ruta de Danny dijo a la policía que había visto los papeles y la bicicleta en el jardín delantero sobre las 6.30 de la mañana, cuando se fue a la iglesia. Dos horas más tarde, cuando volvió de la iglesia, ambos seguían tirados en la acera. El hombre había trasladado los periódicos y la bicicleta al interior de su patio para que no se los robaran.

Más de 100 agentes de la ley de veintidós organismos diferentes de todo el condado de Sarpy contaron con la ayuda de treinta representantes de la cercana Base Aérea de Offutt en la búsqueda de Danny Joe. La búsqueda se concentró en torno a nueve millas cuadradas cerca del río Misuri, pero tras tres días de búsqueda seguía sin haber rastro de él.

Aquel martes por la tarde, una niña de once años que también repartía ejemplares del Omaha World-Herald informó de que un hombre se detuvo junto a ella en un coche y le hizo señas para que se acercara. Ella se negó, pero el hombre insistió y volvió a hacerle señas. Asustada, la chica dejó la bicicleta y los periódicos y corrió a la casa más cercana, donde el propietario llamó al 911. Sin embargo, la chica no pudo dar una buena descripción del hombre.

El miércoles siguiente a su desaparición, el cadáver de Danny Joe Eberle fue encontrado entre maleza alta en un campo junto a una remota carretera de grava a sólo cuatro millas al sur de su ruta periodística. El cuerpo estaba a menos de seis metros de la carretera y a sólo tres kilómetros de la base aérea de Offutt. Estaba boca abajo, con las manos y los pies atados a la espalda. Aunque sólo llevaba puesta la ropa interior, no parecía que hubieran abusado sexualmente de él. Le habían cerrado la boca con cinta quirúrgica. Había muerto de nueve puñaladas, con una herida abierta en la nuca. Un corte de unos veinte centímetros de ancho abarcaba todo el muslo, y la carne se había cortado para dejar al descubierto el hueso. La ausencia de sangre en cualquier parte del campo indicó a los investigadores que Danny Joe había sido asesinado en otro lugar y que el asesino había arrojado su cadáver en el campo tras su muerte.

Además de las puñaladas, en la pantorrilla izquierda le habían hecho varios cortes en forma de estrella. Los cortes sugerían que Danny Joe había sido torturado antes de morir. Sin embargo, tras un examen más detenido, los investigadores se dieron cuenta de que los cortes eran también un intento de ocultar una pista: bajo el dibujo en forma de estrella, los investigadores encontraron una marca de mordedura humana.

La cuerda que se utilizó para atar a Danny Joe, a primera vista, parecía una cuerda de nailon ordinaria, pero el núcleo interno de la cuerda era único. Dentro del nailon blanco había 106 hebras de hilo de veinticuatro colores distintos. Cada color representaba un tipo distinto de fibra: acrílicos, lanas, algodones, rayones, nylons y polietileno. El FBI y el Instituto Nacional de Cordelería nunca habían visto nada parecido.

Apenas una semana después de que se encontrara el cadáver, la policía detuvo a Michael Rice, de dieciocho años, por cargos no relacionados de secuestro, agresión sexual y amenazas terroristas. Los cargos estaban relacionados con el abuso sexual de dos adolescentes de Nebraska. Tras su detención, Rice había dado una coartada falsa y posteriormente no superó la prueba del polígrafo. Sin embargo, finalmente fue puesto en libertad por falta de pruebas. El FBI también había determinado que no era sospechoso de la muerte de Danny Joe, ya que no se ajustaba a su perfil.

———

La mañana del viernes 2 de diciembre de 1983, Christopher Paul Walden, de doce años, se puso su abrigo rojo de invierno, se colgó la mochila al hombro y salió por la puerta en dirección a su clase de sexto curso.

Su madre no se dio cuenta de que algo iba mal hasta que, a última hora de la tarde, Christopher no había vuelto del colegio. El pánico se apoderó de ella cuando llamó a sus amigos, que le dijeron que Christopher no se había presentado ese día en el colegio.

Los padres de Christopher se pusieron en contacto con los medios de comunicación y lanzaron una emotiva petición para que su único hijo regresara sano y salvo. Cientos de voluntarios ayudaron en la búsqueda de Christopher.

Dos días después de su desaparición, dos cazadores de faisanes encontraron el cadáver de Christopher Walden en una arboleda a ocho kilómetros del pueblo. Dos juegos de huellas en la nieve entraron en la arboleda, pero sólo un juego de huellas salió. Al igual que Danny Joe Eberle, Christopher fue encontrado boca abajo. Estaba tendido en la nieve y le habían rajado la garganta tan profundamente que casi lo habían decapitado. Le habían apuñalado hasta la muerte. En toda la longitud de su pecho y abdomen había cortes que parecían una gran planta, con siete hojas y un tallo. Los cortes también se parecían al dibujo de estrella que se encontró en el pecho de Danny Joe Eberle. Sin embargo, Christopher no estaba atado y parecía haber sido asesinado poco después de ser secuestrado.

———

Una testigo se presentó y afirmó que había visto a Christopher caminando hacia el colegio aquella mañana, cuando un vehículo de color canela se detuvo junto al chico. Creía que el hombre podría haberle mostrado algo en la mano, pero no estaba del todo segura.

Uno de los agentes que trabajaban en el caso había recibido formación en hipnosis y creía que hipnotizar a la testigo podría ayudarla a dar una descripción más precisa del hombre o del coche. Aunque la hipnosis no sería utilizable ante un tribunal, al menos podría ayudar a encontrar a un sospechoso.

Con la ayuda de la hipnosis, los investigadores obtuvieron un dibujo composite más preciso y una descripción del coche que conducía el sospechoso. El sospechoso fue descrito como un varón blanco de tez aceitunada, de entre dieciocho y veinticinco años, de entre 1,70 y 1,70 m de estatura y de unos 68 kg de peso. Llevaba gorro de media oscuro, chaqueta de lana a cuadros y guantes.

Los investigadores creían que el coche era un sedán último modelo de tamaño medio, de color crema y con el interior azul claro o azul oscuro descolorido. La policía anunció que creía que el sospechoso era responsable de los asesinatos de Danny Joe Ebele y Christopher Paul Walden.

Llegaron varias pistas con avistamientos del sospechoso, pero todas eran un callejón sin salida. En una conferencia de prensa televisada, el frustrado sheriff del condado de Sarpy retó al asesino a que se entregara. Los aterrorizados habitantes del este de Nebraska y el oeste de Iowa estaban en vilo.

———

Barbara Weaver había rezado diariamente durante casi dos meses por la captura del asesino. Sin embargo, la mañana del 11 de enero rezó una oración especial. Rezó para que el Señor la utilizara para ayudar a encontrar al asesino de alguna manera. Aquella mañana, su oración fue escuchada.

Barbara trabajaba como maestra de preescolar en la Iglesia Metodista Unida Aldersgate de Bellevue y había llegado temprano por la mañana para preparar su clase. A las 8.30, vio que un coche entraba en el aparcamiento de la escuela. Era demasiado temprano para que los padres dejaran a sus hijos. El hombre pasó despacio junto a la ventana de la clase y miró hacia dentro, pero se marchó a toda velocidad cuando se dio cuenta de que Barbara le devolvía la mirada.

El coche volvió unos minutos después. Esta vez, el conductor se acercó a la ventanilla y la miró directamente. Barbara estaba sola en el colegio y la mirada del hombre la inquietó. Cuando el coche salió del aparcamiento por segunda vez, memorizó el número de matrícula.

Pocos minutos después, el coche volvió por tercera vez. El hombre aparcó y salió del coche. Barbara se reunió con él en la puerta de la escuela; el joven dijo que se había perdido y pidió indicaciones. Sin embargo, cuando le pidió que utilizara el teléfono, Barbara siguió sintiéndose incómoda y le indicó un teléfono público que había al final de la calle.

Entonces el hombre la empujó hacia la puerta de la escuela, sacó una navaja del bolsillo y gritó: "¡Entra ahí o te mato!". Barbara actuó con rapidez y corrió junto a él, hacia la casa del pastor de la iglesia que vivía al lado. Cuando llegó a la casa, aporreó la puerta y gritó: "¡Llamad a la policía! ¡Llama a la policía! Ese es el tipo".

Cuando llegó la policía, el hombre ya se había marchado. El coche que conducía no era de color canela, como el que el testigo había dicho haber visto durante el secuestro de Christopher Walden, pero eso no importaba. Barbara tenía la matrícula.

La policía comprobó el número de la matrícula y lo rastreó hasta una agencia de alquiler que había alquilado el coche a un técnico de radares alistado de la cercana base aérea de Offutt. Cuando la policía entró en el taller donde trabajaba John Joubert, de 20 años, en la puerta de entrada había un cartel con el retrato robot del sospechoso elaborado por el FBI. Es probable que Joubert y sus compañeros vieran la imagen todos los días al ir a trabajar.

John Joubert fue detenido y llevado para ser interrogado, donde dijo muy poco aparte de que no tenía nada que ver con los asesinatos. Era un Eagle Scout muy condecorado -el rango más alto en los Boy Scouts de América- y se ofrecía como ayudante del jefe de la tropa local. Acababa de ingresar en las Fuerzas Aéreas el año anterior, cuando se había trasladado desde su ciudad natal de Portland, Maine.

Aunque Joubert había alquilado el coche, era propietario de un Chevy Nova de color canela que estaba en el taller siendo reparado. Coincidía perfectamente con la descripción del testigo. Cuando la policía registró el Chevy Nova, encontró una cuerda de nailon blanco en la guantera. El núcleo interno de la cuerda contenía las mismas 106 hebras de hilo de un color único. Joubert afirmó que había conseguido la cuerda años antes en los Boy Scouts, pero el FBI descubrió que la cuerda era extremadamente rara y se había fabricado en Corea del Sur específicamente para el ejército estadounidense. Y lo que es más importante, coincidía perfectamente con el tipo de cuerda utilizado para atar a Danny Joe Eberle.

Los investigadores también encontraron en el coche un rollo de cinta de embalar marrón y un cuchillo. En la alfombra del coche se encontraron pelos marrones en la cabeza que coincidían con los de Danny Joe Eberle. En su dormitorio, los investigadores encontraron un surtido de revistas porno y de crímenes reales con historias similares de secuestro y asesinato.

Cuando los agentes del FBI hablaron con la policía de Portland, Maine, ciudad natal de Joubert, hicieron un descubrimiento sorprendente: había habido un asesinato similar en Portland justo un año antes. El asesinato ocurrió justo antes de que John Joubert se alistara en las Fuerzas Aéreas y se trasladara a Nebraska.

———

El 22 de agosto de 1983, justo antes de que John Joubert se trasladara a Nebraska, Ricky Stetson, de once años, había estado haciendo footing por Black Cove Trail, cerca de su casa, en el barrio de Oakdale de Portland (Maine). Cuando cayó la noche y no había vuelto a casa, los padres de Ricky, presas del pánico, llamaron a la policía. Al día siguiente, un motorista encontró el cadáver de Ricky junto a la interestatal 295, que pasaba junto al parque. Le habían desnudado parcialmente, pero no le habían agredido sexualmente. Lo habían apuñalado y estrangulado. Al igual que Danny Joe y Christopher, Ricky había sido mordido y la marca del mordisco había sido cortada con un cuchillo.

Se habían producido una serie de acuchillamientos en la misma zona en las semanas anteriores a la muerte de Ricky y la policía creía que todos estaban relacionados. Las víctimas que sobrevivieron describieron al agresor como un varón blanco de unos veinte años. Sin embargo, los ataques cesaron milagrosamente justo después del asesinato de Ricky. Era la misma época en que John Joubert se había alistado en las Fuerzas Aéreas y se había trasladado a Nebraska.

Al ser confrontado con las pruebas en su contra, John Joubert admitió haber matado a Ricky Stetson en Portland. Luego, justo después de mudarse a Nebraska, mató a Danny Joe Eberle y a Christopher Walden. También confesó varios apuñalamientos en Portland que se remontan a cuando sólo tenía dieciséis años. Sin embargo, afirmó que no había matado a Johnny Gosch en West Des Moines, Iowa, a pesar de las extrañas similitudes de los asesinatos.

Joubert era plenamente consciente de que era un monstruo y afirmó que sintió alivio cuando por fin lo detuvieron. Dijo a los detectives que, sin duda, habría seguido matando niños.

———

John Joubert nació en una familia de clase trabajadora de Lawrence, Massachusetts, el 2 de julio de 1963. Cuando sus padres se divorciaron, él y su madre se trasladaron a Portland, Maine. Joubert afirmó haber tenido pensamientos sádicos ya a los seis años, cuando fantaseaba con torturar, matar y comerse a su niñera adolescente. A los ocho años, estaba obsesionado con la idea de secuestrar, atar, torturar y matar a desconocidos al azar.

Cuando tenía trece años, puso en práctica sus oscuras fantasías y apuñaló a una niña de nueve años con un lápiz. Al día siguiente, acuchilló a otra niña con una cuchilla de afeitar cuando pasaba por delante de él en bicicleta. Más tarde dijo a los psicólogos que ambos incidentes le excitaban sexualmente. En la escuela era conocido como un matón que atormentaba a los niños más pequeños que él.

Joubert destacó en los Boy Scouts, llegando a obtener el rango más alto de Scout Águila. Trabajaba como voluntario, tocaba el clarinete en la banda de la escuela y era un estudiante de honor con un cociente intelectual de 123. Sin embargo, su fascinación sádica le desbordaba.

A los dieciséis años, Joubert estuvo a punto de matar a dos niños de ocho años cuando los golpeó y estranguló antes de robarles el dinero. Durante los últimos años de su adolescencia, apuñaló al azar a chicos más jóvenes que él y se ganó el nombre de "El Degollador de Oakdale". Durante todo ese tiempo, no fue detectado por la policía.

Después del instituto, Joubert asistió brevemente a la Universidad de Norwich, en Vermont. Aunque había destacado en el instituto, a menudo se saltaba las clases y suspendió tras su primer año de universidad. Más tarde regresó a su casa en Portland.

Justo después de cumplir veinte años, Joubert atacó, estranguló, apuñaló y mordió a Ricky Stetson, de once años. Fue su primer asesinato. Preocupado por que pudieran atraparlo, se alistó en las Fuerzas Aéreas y continuó con sus asesinatos en Nebraska.

―――――

Cuando se le preguntó si le disgustaban los chicos -¿si por eso los mató? - respondió: "¿Cómo iban a caerme mal? Ni siquiera los conocía".

Durante su interrogatorio, John Joubert dio a los investigadores información que no se había dado a conocer a la prensa, información que sólo el asesino podría saber. Les dijo que la madrugada del 18 de septiembre se había detenido en una tienda para comprar algo de beber. Mientras se apoyaba en su Chevy Nova sorbiendo su bebida, observó a Danny Joe

Eberle enrollando periódicos delante de la tienda. Aún estaba oscuro cuando el chico se dirigió en bicicleta hacia su ruta y Joubert le siguió.

Joubert pasó junto a Danny Joe y aparcó unas manzanas más adelante, en un aparcamiento vacío. Cogió un cuchillo, un trozo de cuerda y cinta adhesiva, y se escondió detrás de un árbol esperando a que pasara. Cuando Danny Joe volvía a su bicicleta después de entregar un periódico, Joubert le atacó, poniéndole la mano en la boca y el cuchillo en la garganta.

Joubert le advirtió que no hiciera ruido y le acompañó hasta su coche aparcado. Le dijo a Danny Joe que se tumbara boca abajo junto al coche, donde Joubert le ató las manos a la espalda y los pies a los tobillos. Luego le puso cinta adhesiva en la boca, lo levantó y lo metió en el maletero.

Joubert condujo de forma errática hasta una carretera rural al sur de la ciudad y llevó a Danny Joe seis metros hasta un maizal al lado de la carretera. Luego lo desató y le dijo que se quitara la ropa. La cinta que cubría la boca de Danny Joe se había desprendido y éste suplicó: "Por favor, no me mates". Fue entonces cuando Joubert le apuñaló por la espalda.

Danny Joe suplicó: "Llévame al hospital. ¡Estoy sangrando! No se lo diré a nadie". Pero Joubert volvió a apuñalarle. Y otra vez. Luego le cortó profundamente en la nuca, matándole. Joubert siguió mordiendo, cortando y rebanando. En total, Danny Joe había sido apuñalado once veces. También sufrió daños en la parte superior del cráneo por haber sido arrojado en el maletero de Joubert.

Tras el asesinato, Joubert se detuvo en un McDonald's donde se lavó la sangre de las manos en el baño y pidió el desayuno. Después volvió a su barracón y durmió la siesta.

Durante el interrogatorio, Joubert también contó la historia del asesinato de Christopher Walden. Explicó que la mañana del 2 de diciembre, cogió el mismo cuchillo que había utilizado para matar a Danny Joe y salió de su barracón hacia las 6:00 a.m. Condujo de parada en parada buscando a alguien -cualquiera- a quien matar. Fue entonces cuando vio a Christopher Walden caminando hacia la escuela.

Una vez más, Joubert condujo delante de él, aparcó, salió del coche y esperó a que pasara. Cuando Christopher pasó junto a su coche, le llamó: "Eh, chico. Ven aquí". Le mostró el cuchillo. "Cállate y ven conmigo o te mato". Luego puso la mano en el hombro de Christopher y lo dirigió hacia el coche.

Joubert abrió la puerta y le dijo que entrara gateando y se tumbara en el suelo del lado del copiloto. Cuando Christopher, de doce años, empezó a llorar, Joubert consideró la posibilidad de dejar marchar al chico. Sólo se lo pensó un segundo antes de reconsiderarlo.

Una vez más, condujo hasta una carretera apartada de miradas indiscretas y aparcó el coche cerca de unas vías de tren. Ordenó a Christopher que saliera del coche y lo acompañó por la nieve hasta las vías, asegurándole por el camino que, si hacía lo que le decía, todo iría bien.

Cuando llegaron a un claro, Joubert ordenó al chico que se quitara la ropa interior y se tumbara boca arriba. Christopher se burló: "¿Eh? Hace frío y hay nieve en el suelo". Joubert agarró al chico por los hombros, lo empujó al suelo y gritó: "¡Hazlo!".

Una vez en el suelo, Joubert se sentó a horcajadas sobre el chico, le rodeó el cuello con los dedos y lo estranguló. Christopher luchó por zafarse, pero Joubert agarró el cuchillo y lo

apuñaló varias veces y le cortó la garganta. Siguió apuña-
lando incluso después de estar seguro de que el chico estaba
muerto. Después regresó a su cuartel y tiró el cuchillo a la
basura. Más tarde, ese mismo día, asistió a una reunión de
Boy Scouts en la que hablaron de las noticias sobre Danny
Joe Eberle y Christopher Walden.

———

John Joubert fue acusado de los asesinatos de Christopher
Walden y Danny Joe Eberle el 12 de enero de 1984. Inicialmente se declaró inocente, pero más tarde cambió su declaración a culpable. Los psiquiatras le diagnosticaron trastorno
esquizoide de la personalidad, trastorno obsesivo-compul-
sivo y tendencias suicidas. Sin embargo, también determinaron que no estaba psicótico en el momento de los
asesinatos.

Un panel de tres jueces de Nebraska condenó a Joubert a
muerte por los dos asesinatos. En Maine, las marcas de
mordiscos de Ricky Stetson coincidieron con las de Joubert.
Fue declarado culpable y condenado a cadena perpetua por
el asesinato.

En la cárcel, Joubert estudió Derecho, leyó a Albert Camus y
a Sigmund Freud, y suplicó que le salvaran la vida. Afirmó
que se había convertido en un hombre cambiado, que por fin
se había enamorado por primera vez de una mujer de Irlanda
que le había escrito. Sin embargo, oscilaba entre la afirma-
ción de que se había reformado y la de que, si algún día lo
ponían en libertad, volvería a matar. Decía que la necesidad
de matar estaba arraigada en él.

Finalmente, sus súplicas de clemencia cayeron en saco roto y
John Joubert fue condenado a muerte en la silla eléctrica el

17 de julio de 1996. Algunas personas siguen creyendo que Joubert fue responsable de la muerte de Johnny Gosch, pero no existen pruebas definitivas que respalden esa teoría. A día de hoy, la muerte de Johnny Gosch sigue sin resolverse.

# CAPÍTULO 4
# PIRULETAS DE BEBÉ

La mañana del 2 de noviembre de 1990, un equipo de Florida Power & Light estaba trabajando en una caja eléctrica a lo largo de North Bay Road, donde confluía con la calle 58 de Miami. La calle era conocida por sus casas multimillonarias frente al mar, ocultas de las calles tras lujosas verjas privadas.

A lo largo de la base de uno de los muros exteriores de la casa, escondido tras un grupo de palmeras y un seto de cerezos, uno de los trabajadores observó lo que parecía ser un trozo de basura. Tal vez un envoltorio de caramelo de piruleta. Sin embargo, cuando el hombre miró detrás del follaje, retrocedió horrorizado. Se dio cuenta de que no era un envoltorio, sino el emblema de una camiseta diminuta. En la camiseta había una pegatina de una piruleta. La camiseta la llevaba un niño.

El niño parecía tener unos dos años. Era difícil de decir. Tenía el pelo castaño y ondulado pegado a la piel morena y demacrada, que le caía sobre los huesos como papel mojado. Tenía los brazos delgados y huesudos y el ojo derecho muy amoratado. Tenía una pierna hinchada, el doble de grande que la otra, a causa de los fuertes golpes. En el pecho llevaba una camiseta adornada con tres piruletas. Sus pantalones cortos azul oscuro cubrían un pañal hinchado lleno de excrementos que le habían sellado a la piel con cinta adhesiva. Se había endurecido como una escayola y hacía mucho tiempo que no se lo cambiaba.

El forense determinó que el niño había muerto de un traumatismo por objeto contundente: se había fracturado el cráneo. El golpe que lo mató le había seccionado los nervios espinales a la altura del tronco encefálico. El traumatismo craneal masivo pudo producirse días u horas antes de su muerte.

El niño había sufrido los más graves malos tratos. Le habían quemado con cigarrillos, tenía varios huesos rotos y le habían partido los dos dientes delanteros más de un año antes de su muerte. Había desaparecido el tejido entre los labios y las encías. Su cuerpo estaba cubierto de escaras, como si hubiera estado atado a una cama durante días, quizá más. Le habían pegado mucho y estaba hambriento. Estaba anémico, desnutrido y deshidratado. Se había roto un brazo y el músculo cicatrizado y sin tratar se había transformado en hueso, fusionándole permanentemente el brazo en un ángulo de noventa grados. Los excrementos del pañal fijado con cinta adhesiva le habían provocado una grave infección en la punta del pene que hacía que orinar fuera intensamente doloroso. Por la cantidad de hematomas y cicatrices, parecía que el niño había sufrido malos tratos inimaginables durante varios meses antes de morir.

El forense calculó que el niño tenía unos dos años, pero sólo pesaba 18 kilos. La mitad de lo que debería pesar un niño de esa edad. Los investigadores comprobaron las bases de datos de niños desaparecidos conocidos, pero la descripción no coincidía con nada.

Mientras la policía buscaba pistas cerca de donde se encontró al niño, una niña de cuatro años y su madre estaban cerca de la cinta policial. El detective principal del caso estaba hablando con la mujer y mencionó que no podían enterrar al bebé sin un nombre. Hasta que no averiguaran quién era, tendrían que darle un nombre. La niña miró al detective y le dijo: "Yo puedo ayudar". El agente preguntó a la niña: "¿Qué nombre le pondrías?". La niña había oído que el bebé tenía una camiseta con piruletas y contestó: "Le llamaría Bebé Piruletas".

Al principio, la historia del niño abandonado no fue noticia de primera plana. El 4 de noviembre, sólo aparecieron unos párrafos en la página cinco de la sección B del Miami Herald. Sin embargo, la cobertura mediática fue suficiente para llamar la atención de una joven que había trabajado como canguro. La mujer acudió a la policía el 6 de noviembre y dijo que podía tener una idea de quién era el chico.

La joven dijo a la policía que había hecho de canguro de una mujer llamada Anna Maria Cardona hacía dos años. Anna Maria, de 21 años, había dejado a dos de sus hijos, el menor de los cuales era Lázaro Figueroa, de un año. Pero Cardona nunca volvió a recoger a sus hijos. Tres meses después, la niñera entregó a los niños al Departamento de Salud y Servicios de Rehabilitación de Florida.

Los niños permanecieron bajo custodia del HRS durante tres meses hasta que localizaron a Cardona. Los niños fueron devueltos a la custodia de su madre bajo supervisión estatal. El estado ordenó a Anna Maria que permitiera el acceso de los trabajadores sociales para controlar a la familia y le exigió que asistiera a terapia familiar y de drogadicción. Por desgracia, inmediatamente después de que le devolvieran a los niños, Anna Maria desapareció con ellos. Dos años después, encontraron muerto bajo un seto de cerezos a un niño demacrado que coincidía con la descripción de Lázaro Figueroa. Sin embargo, los detectives aún tenían que confirmar que el niño era realmente Lázaro.

Con el tiempo, los medios de comunicación cubrieron la historia en profundidad y la caza de Anna Maria Cardona se emitió en America's Most Wanted. La noticia llamó la atención de una chica de catorce años con discapacidad mental que también afirmaba haber sido niñera de Lázaro Figueroa. Dijo a los detectives que le habían ordenado dar de comer al niño avena y agua dos veces al día, pero que a veces se olvidaba de darle de comer. Dijo que el niño lloraba constantemente, que no estaba circuncidado y afirmó haberle pegado el pañal con cinta adhesiva, hechos que no se habían hecho públicos.

La chica confesó entonces haber matado al niño. Dijo que una noche, cuando el niño no paraba de llorar, lo arrojó contra la pared. El golpe le mató. Incluso mostró a la policía la mancha rojiza de la pared. Los investigadores, sin embargo, cortaron el gran trozo de pared de yeso y lo hicieron analizar. Era ketchup. Al parecer, la chica había oído detalles del asesinato a un trabajador del HRS.

Los investigadores continuaron su búsqueda y pasaron un mes entero después de que se encontrara al niño intentando confirmar una identificación positiva. La niñera original sabía el nombre del hospital donde había nacido, pero el hospital afirmó que Anna Maria Cardona había dado a luz a una niña. Más tarde volvieron y se dieron cuenta de que se habían equivocado: el nacimiento había sido efectivamente de un varón.

Entonces, cuando los detectives preguntaron si el niño estaba circuncidado, dijeron que sí. Sin embargo, el niño encontrado en los arbustos no lo estaba. El hospital volvió más tarde y dijo que habían cometido otro error. Aunque Anna Maria Cardona había concertado una cita para la circuncisión, no se presentó. Al cabo de un mes, los investigadores pudieron por fin localizar a Anna Maria Cardona e identificar positivamente el cuerpo de Lazaro Figueroa.

———

Fidel Figueroa era conocido como Pepito en las calles de Miami a finales de los 80. Era ostentoso y le gustaba presumir de su riqueza. Llevaba un Rolex con diamantes, conducía un Mercedes nuevo y viajaba con varios guardaespaldas. Mantenía dos lujosos áticos con vistas a la bahía de Biscayne para sus novias, pero tenía muchas otras mujeres a su lado.

Fidel Figueroa había emigrado a Estados Unidos a principios de los ochenta y había ascendido hasta convertirse en uno de los mayores traficantes de drogas de las calles de Miami. Su vida era una historia que reflejaba la de Al Pacino en Scarface, es decir, hasta la noche del 20 de septiembre de 1987, cuando recibió un disparo en la cabeza al salir de un bar frente al río.

Cuatro semanas después nació su hijo, Lázaro Figueroa, de Anna María Cardona, una de las mujeres a las que Fidel mantenía un ático. Fidel dejó a Anna Maria 100.000 dólares en su testamento, una cantidad de dinero que, a finales de los ochenta, podría haber durado una década para algunas personas. A Anna Maria sólo le duró unos meses. Anna había iniciado una relación con Olivia González, a quien conoció en un club nocturno de Miami, y las dos se gastaron rápidamente el dinero en fiestas masivas de cocaína. Cuando se acabó el dinero, Anna Maria abandonó a sus dos hijos menores con la niñera.

———

Anna Maria Cardona había emigrado a Estados Unidos desde Cuba durante el éxodo del Mariel en 1980, cuando 125.000 cubanos llegaron en barco a Florida. En Cuba, había sido criada por una madre soltera maltratadora y fue agredida sexualmente a los diez años. Empezó a beber, a consumir drogas y a vender sexo en las calles de La Habana en su adolescencia y había intentado suicidarse varias veces. Cuando llegó a Estados Unidos a principios de los ochenta, se dedicó inmediatamente a la delincuencia, haciendo todo lo que podía para sobrevivir. Fue detenida tres veces en 1982 y 1983 por allanamiento de morada.

Sin embargo, todo cambió cuando conoció a Fidel Figueroa. Rápidamente se acostumbró a un lujoso estilo de vida de joyas finas y coches de lujo, que se acabó cuando Fidel fue abatido a tiros. Cardona se hundió en una incontrolable adicción a la cocaína. Tan rápido como había salido de la calle, volvió a ella. Esta vez tenía tres hijos con ella.

Inmediatamente después de que el HRS devolviera los niños a su madre, ésta desapareció y el HRS perdió el rastro de la familia. La trabajadora social esperó cuatro meses enteros antes de informar al juez que llevaba el caso de que la familia había desaparecido. Para entonces, no había forma de encontrarla y el caso cayó en saco roto.

———

Un mes después de que se encontrara el cadáver de Lázaro Figueroa, los detectives localizaron a Anna María Cardona y a su novia, Olivia González, en St. Cloud, Florida, cerca de Orlando. Las trajeron a Miami para interrogarlas.

Anna Maria Cardona no podía mantener clara su historia. Al principio, afirmó que había dejado al niño con una niñera y que era la última vez que lo había visto. Luego dijo que se lo había dado a una "mujer elegante" que se le había acercado en una cafetería. Rápidamente cambió de historia y dijo que la muerte de Lázaro había sido un accidente: ella y su hijo habían estado saltando en la cama cuando él se cayó y se rompió el cráneo. Finalmente, admitió que ella y Olivia González habían golpeado al niño y dijo a los detectives que Lázaro seguía vivo cuando ella lo abandonó en los arbustos. En el juicio, culpó de los malos tratos a su amante, Olivia González. Afirmó que eligió el barrio acomodado de las mansiones porque pensó que Lázaro tendría más posibilidades de vivir una vida plena si lo encontraban vivo allí.

———

Durante dieciocho meses, después de recuperar el control sobre sus hijos, Anna María Cardona y Olivia González torturaron sistemáticamente a Lázaro hasta la muerte. Ella le culpaba de su descenso "de la riqueza a los harapos".

Lázaro pasó gran parte del último año y medio de su vida atado a una cama, encerrado en un armario o abandonado en una bañera con agua fría o caliente. Si se quejaba lo más mínimo, le pegaban o le asfixiaban. Mientras tanto, su madre y Olivia González consumían las drogas que caían en sus manos. Se mudaban a menudo entre hoteles baratos y habitaciones alquiladas y sobrevivían robando en tiendas y, de vez en cuando, aceptando trabajos esporádicos. Durante esos dieciocho meses, las únicas personas que vieron a Lázaro fueron su hermano y su hermana mayores, Juan Puente, de doce años, y Taimy Cardona, de cinco.

———

Tanto Anna Maria Cardona como Olivia Gonzalez fueron acusadas de maltrato infantil con agravantes y asesinato en primer grado. Ambas se apresuraron a culparse mutuamente del asesinato.

Olivia González aceptó un trato y se declaró culpable de asesinato en segundo grado a cambio de una condena más leve. También accedió a declarar contra Cardona. Aunque admitió que había desempeñado un papel en el asesinato de Lázaro, González afirmó que la mayoría de los abusos los había cometido Cardona. González fue condenada a cuarenta años de prisión, pero sólo cumplió diecisiete.

En el primer juicio de Anna Maria Cardona, Olivia Gonzalez dio un testimonio gráfico de los últimos momentos de la vida de Lázaro. Contó al tribunal que la noche de Halloween de 1992, Cardona se enfadó con su hijo, cogió un bate de béisbol y le golpeó en la cabeza. "Se le abrió un agujero en la cabeza. Tenía la cabeza rota. Sangraba y sangraba y sangraba. Luego le puse mercurio y le puse una venda de plástico". Luego dijo que Cardona había estrangulado al niño porque no dejaba de llorar antes de que ella lo volviera a meter en el armario.

González afirmó que el consumo de cocaína de Cardona era en realidad algo bueno. Dijo que cuando Cardona estaba colocado de cocaína, no maltrataba tanto a su hijo. Contó al jurado que una vez Cardona había dado cocaína a Lázaro y lo había rociado con insecticida sólo para reírse. González afirmó que tenía miedo de detenerla porque Cardona podía ponerse violento cuando se le enfrentaba, habiéndola apuñalado una vez en la mano.

Sin embargo, Cardona culpó directamente a González. Afirmó que la habían obligado a mantener una relación sexual con González a cambio de comida y alojamiento. Admitió que entonces era adicta al crack y permitió los abusos, pero también insistió en que su hijo seguiría vivo de no ser por González. Al final, el jurado no se creyó su historia. Los abusos se habían producido durante un periodo muy largo y había muchos testigos que testificaron sobre sus abusos. Cardona fue declarado culpable de asesinato en primer grado y condenado a muerte.

Diez años después, sin embargo, la condena de Cardona fue anulada. Sus abogados defensores no habían tenido acceso a los interrogatorios policiales de González, algunos de los cuales contradecían su testimonio. En su interrogatorio original, González había dicho a los investigadores que había sido ella quien había golpeado a Lázaro con el bate, abriéndole la cabeza.

El segundo juicio de Anna Maria Cardona comenzó dieciocho años después del asesinato. Su equipo de defensa, sin embargo, se agarró a un clavo ardiendo: esta vez intentaron culpar a la niña de catorce años con discapacidad mental que había confesado haber matado a Lázaro. Por supuesto, no había pruebas que respaldaran su defensa y Cardona fue declarada culpable de nuevo. Fue condenada a muerte por segunda vez.

El equipo de defensa de Cardona volvió a apelar y, en 2017, se anuló la segunda condena. Esta vez fue porque la fiscalía había "inflamado indebidamente las mentes y pasiones de los miembros del jurado" al pedir repetidamente "Justicia para Lázaro" durante los alegatos finales.

Anna Maria Cardona tenía cincuenta y seis años cuando se celebró su tercer juicio en diciembre de 2017. Esta vez, la acusación no pidió la pena de muerte. Su defensa volvió a centrarse en el hecho de que González había confesado haber golpeado a Lázaro con el bate de béisbol, pero, una vez más, los miembros del jurado escucharon a amigos y conocidos que declararon que Cardona había tratado mal a su hijo con frecuencia. Su abogado dijo al tribunal que, aunque Cardona era efectivamente una mala madre, no era una asesina. Sin embargo, por tercera vez, el jurado no estuvo de acuerdo.

Anna Maria Cardona fue declarada de nuevo culpable del asesinato de su hijo, Lazaro Figueroa. Cuando el juez Miguel de la O la condenó a cadena perpetua, le dijo:

"No creo que te reúnas con Lázaro en la otra vida. Tus acciones fueron monstruosas. Mi mente retrocede ante la existencia infernal por la que hiciste pasar a Lázaro ese último año de su vida. Hay bestias salvajes que muestran más empatía con sus crías de la que tú mostraste con Lázaro".

Cardona se hizo la víctima y le gritó en español,

"¡Yo no maté a mi hijo! ¡No torturé a mi hijo! Quizá no me creas. Quizá no sientas mi dolor. Nadie podría querer a mi hijo más que yo".

———

El hermano mayor de Lázaro, Juan Puente, había pasado toda su vida adulta entrando y saliendo de la cárcel. La reputación de su madre le persiguió durante toda su vida. Había sido condenado por robo, hurto mayor, lesiones, allanamiento de morada, posesión de cocaína, alteración del orden público, merodeo y vagabundeo. Con el tiempo, fue etiquetado como delincuente violento habitual. Durante la sentencia de su segunda condena, lo trajeron de una cárcel de Miami para suplicar por la vida de su madre. Juan Puente murió en prisión a la edad de treinta y siete años, sólo dos meses después de la tercera condena de su madre.

# CAPÍTULO 5
# EL FLAUTISTA DE TUCSON

Charles "Smitty" Schmid compensaba su metro setenta de estatura llenando sus botas de vaquero con periódicos y latas de cerveza aplastadas. Ello le proporcionó cinco centímetros más de estatura, pero también una ridícula cojera que explicaba diciendo a sus amigos que se la había producido luchando contra miembros de la Mafia.

Schmid era extraño a muchos niveles, pero de algún modo las jóvenes de Tucson, Arizona, a finales de los 50 y principios de los 60 se sentían atraídas por él. Era guapo por naturaleza, con un ligero parecido a Elvis Presley, y llegó a extremos para amplificar ese parecido. Se maquillaba la cara, se teñía de negro el pelo castaño rojizo y se dibujaba un lunar falso en la mejilla. El lunar empezó como un pequeño punto y, con el tiempo, creció hasta alcanzar el tamaño de una moneda de diez centavos. Incluso se puso una pinza en el labio inferior para que se le cayera como a Elvis. Se ponía tanto bálsamo labial -incesantemente- que sus labios adquirieron un brillo blanco y espeso.

Charles quería parecer duro y a menudo se pegaba con cinta adhesiva un puente metálico en la nariz, alegando que se lo había roto en una pelea. Llevaba un palillo de dientes en la boca que movía constantemente mientras hablaba. Llevaba consigo pequeños saleros y pimenteros a todas partes y decía a sus amigos que los utilizaba para cegar a sus adversarios. Schmid afirmaba a menudo tener poderes psíquicos que le permitían ver los acontecimientos antes de que sucedieran.

————

Charles Howard Schmid Jr. nació en 1942, hijo de una pareja de solteros de Tucson, Arizona, que lo dieron en adopción. Al día siguiente fue adoptado por Charles y Katherine Schmid, propietarios y gestores de la residencia de ancianos Hillcrest. Su madre le educó para que fuera extremadamente educado, tuviera buenos modales y no le importara lo que los demás pensaran de él.

Durante su infancia, Schmid era inteligente pero no tenía ningún interés por la escuela. Como resultado, sus notas apenas superaban el suspenso. Sin embargo, lo que le faltaba en educación lo compensaba en los deportes. En 1960, llevó al equipo del instituto al Campeonato Estatal de Gimnasia de Arizona.

Aunque Charles no se llevaba bien con su padre, sus padres apreciaban mucho a su único hijo y lo mimaban. Cuando cumplió dieciséis años, sus padres le permitieron mudarse a una casa independiente en la parte trasera de su propiedad, donde podía vivir solo. Su madre seguía haciéndole la comida y pagándole todas las facturas, pero él podía ir y venir cuando quisiera. Le compraron un coche y una moto nuevos y le dieron una asignación mensual de 300 dólares. El equivalente a unos 2.700 dólares de hoy en día.

A pesar de sus habilidades en gimnasia, Schmid abandonó el equipo durante su último año. Esto ocurrió más o menos cuando le dijeron que era adoptado. Cuando Charles localizó a su madre biológica, ésta no quiso saber nada de él. Le dijo que se marchara y no volviera nunca.

Justo antes de graduarse en el instituto, Schmid fue sorprendido robando herramientas del taller mecánico de la escuela y fue suspendido temporalmente. Tras su suspensión, sin embargo, no volvió a la escuela. En lugar de ello, optó por vivir de su amplia asignación.

Las excentricidades de Schmid y el hecho de que tuviera coche, moto y casa propia le dieron un estatus de héroe de culto entre los demás adolescentes de Tucson. No tenía problemas para salir con chicas y a menudo salía con varias a la vez. Los chicos jóvenes le admiraban y querían emularle. Schmid se convirtió en el carismático cabecilla de los adolescentes que se reunían en Speedway Avenue, la calle principal que atravesaba Tucson. Celebraba grandes fiestas en su casa y a sus padres no parecía importarles. Schmid hacía lo que quería, cuando quería, y todos los chavales de la ciudad le envidiaban.

Él y sus amigos pasaban las noches bebiendo mientras recorrían la Avenida Speedway. Aunque algunos de sus mejores amigos habían sido condenados por robos y delitos menores, Schmid había tenido suerte. Sólo había tenido unos pocos encontronazos con la ley pero, hasta ahora, no había sido nada importante.

En 1963, Schmid empezó a salir con una chica de dieciocho años que había abandonado el instituto llamada Mary French. Mary tenía un exterior frío y era impopular entre los demás adolescentes de la pandilla del Speedway, pero Schmid y ella estaban enamorados. Cuando él mintió a sus padres y les dijo que se habían fugado, le permitieron que se fuera a vivir con él y le dieron un trabajo en su residencia de ancianos. Sin embargo, el dinero que ganaba iba directamente a Charles.

El 30 de mayo de 1964, Charles confió a Mary que siempre había querido matar a alguien. Sabía que podría salirse con la suya. No le importaba quién, sólo quería ver qué se sentía. Le dio a Mary una lista de tres chicas y le dijo que eligiera a una para matarla. Mary eligió a su vecina de quince años, Alleen Rowe, estudiante de segundo curso del instituto de Palo Verde que vivía con su madre divorciada. Alleen no pertenecía a la pandilla problemática que merodeaba por Speedway Boulevard. Era una buena chica que sacaba buenas notas y tenía un futuro prometedor. De hecho, era todo lo contrario a Mary French. Quizá por eso la eligió como primera víctima de Schmid.

Al día siguiente, Charles Schmid consiguió la ayuda de su íntimo amigo John Saunders. Mary pasó el día convenciendo a Alleen Rowe para que se escapara con los tres la noche del 31 de mayo a una fiesta en el desierto. Sería una cita doble.

Alleen accedió a regañadientes y esperó a que su madre se fuera a trabajar a las once de la noche. Salió a hurtadillas de casa, todavía con rulos en el pelo.

Los cuatro se adentraron en el desierto y aparcaron en una carretera remota de las estribaciones del norte de Tucson, un lugar favorito de Schmid al que a menudo había llevado a chicas para beber y practicar sexo. Los cuatro se adentraron en el desierto, hasta el lecho de un arroyo seco donde pudieron sentarse y beber. Sabiendo lo que estaba a punto de ocurrir, Mary dijo que iba a volver al coche para escuchar un rato la radio.

Mientras Mary estaba sentada en el coche, no escuchaba la radio. En lugar de eso, se sentó en la oscuridad y escuchó los gritos de Alleen que resonaban en el tranquilo desierto. Los dos hombres le habían atado las manos a la espalda, le habían quitado el vestido y la habían dejado en el suelo. La tumbaron encima del vestido y Schmid ordenó a Saunders que la violara, pero no pudo hacerlo. Prefería besarla, pero le resultaba extraño besarla mientras lloraba.

Schmid, frustrado con su amigo, le dijo a Saunders que diera un paseo por el desierto y volviera en unos minutos. Cuando Schmid llamó a Saunders para que volviera, Alleen estaba llorando y poniéndose de nuevo el vestido. Empezó a alejarse de sus agresores adentrándose en el desierto.

Los dos hombres la siguieron y Schmid entregó una piedra grande a Saunders. Saunders le dijo: "No puedo hacerlo", y volvió hacia el coche. Minutos después, cuando Saunders regresó con Mary, Alleen estaba tendida en el suelo con un charco de sangre alrededor de la cabeza. Schmid reía y estaba excitado. Tenía las manos y la camisa cubiertas de sangre.

A la brillante luz de la luna del desierto, Schmid, Saunders y French pasaron el resto de la noche cavando un hoyo para enterrar a Aileen. Los rulos, de los que se dieron cuenta más tarde, se le habían caído de la cabeza. Los enterraron en otro agujero cercano poco profundo.

---

La madre de Alleen, Norma Rowe, trabajaba en el turno de noche como enfermera. Cuando llegó a casa a la mañana siguiente y encontró la cama de su hija vacía, le entró el pánico. Llamó a todos los amigos de Alleen, pero ninguno sabía nada de ella. Intuyó que algo iba mal y denunció la desaparición de su hija. Alleen le había hablado recientemente a su madre de los clubes sexuales de su colegio, donde los chicos se dedicaban a la prostitución, el alcohol y las drogas. Sin embargo, los agentes que le tomaron declaración pensaron que estaba loca. Nunca habían oído hablar de algo así en el instituto de Palo Verde.

Sin embargo, la policía interrogó a todos los que conocían a Alleen, incluidos Schmid, Saunders y French. Los tres se habían confabulado para repetir la misma historia. Afirmaron que habían pasado por casa de Alleen aquella noche, pero que ella no había contestado a la puerta, así que salieron por su cuenta.

En los días posteriores a su desaparición, el padre de Alleen tuvo sueños sobre su hija. Soñaba que la habían asesinado en el desierto. Los sueños eran tan reales que tenían que significar algo. Rogó a la policía que registrara el desierto que rodeaba Tucson, pero los detectives insistieron en que necesitarían más pruebas que un simple sueño para justificar una búsqueda así. Además, el desierto que rodeaba Tucson era enorme. No sabrían ni por dónde empezar.

Norma Rowe pasó el año siguiente poniéndose en contacto diligentemente con el fiscal general de Arizona, el FBI, periodistas e incluso una vidente. Sin embargo, a cada paso le decían que probablemente Alleen sólo estaba disgustada porque sus padres se habían divorciado y simplemente se había escapado de casa.

———

El impacto del asesinato había abierto una brecha entre Charles Schmid y Mary French. Poco a poco se veían cada vez menos. Unos meses después del asesinato, John Saunders se alistó en la Marina y abandonó Tucson. Sin John, Schmid empezó a frecuentar a un nuevo amigo, Richie Bruns.

Bruns tenía fama entre los adolescentes de Speedway Boulevard de ser un tipo espeluznante y torpe con las chicas. También había habido rumores de que Bruns estaba implicado en el asesinato de un hombre mayor. El rumor era que ese hombre se había hecho amigo de Bruns y le había enseñado su revólver. A continuación, el hombre le hizo una proposición sexual. Richie se escandalizó y rechazó la proposición. Días después, el hombre apareció muerto y las huellas dactilares de Richie estaban por toda la pistola que lo había matado. Durante un tiempo, Richie Bruns fue el principal sospechoso del asesinato, hasta que otro hombre de Phoenix fue finalmente condenado por el asesinato. El caso, sin embargo, había puesto a Bruns en el radar de la policía de Tucson.

Como muchos otros chicos de Tucson, Bruns admiraba a Schmid por su peculiar estilo y su trato con las mujeres. Poco a poco, Schmid y Richie se hicieron muy amigos y Schmid le hizo partícipe de su oscuro secreto: el asesinato de Alleen Rowe.

En julio de 1964, Schmid empezó a salir con una joven rubia de diecisiete años llamada Gretchen Fritz. Gretchen era la hija mayor de un conocido cardiocirujano de la zona de Tucson. Aunque Gretchen procedía de una familia acomodada, era rebelde y rara, hasta el punto de que sus profesores afirmaban que era psicótica. Al igual que Schmid, era conocida por hacer lo que quería, cuando quería. Para Schmid, era una pareja hecha en el cielo. Estaba enamorado.

Casi de inmediato, la relación entre Charles y Gretchen estuvo plagada de celos. Él seguía tonteando con Mary

French y otras chicas, y Gretchen lo sabía. Eso la enfurecía. Tampoco ayudaba el hecho de que Gretchen y Richie no se llevaran bien. Richie Bruns era socialmente torpe y no se llevaba bien con casi ninguna chica, pero odiaba especialmente a Gretchen. El sentimiento era mutuo.

Poco después de empezar a salir, Gretchen oyó rumores de que Charles había pedido una vez a Mary French que se casara con él. Pensar en ello puso a Gretchen al borde del abismo. Charles Schmid no sólo le había dado a Mary un anillo de compromiso, sino que también se lo había dado a otra chica.

En una de las frecuentes fiestas en casa de Charles, Mary French se le acercó y afirmó que estaba embarazada de él. Lo siguiente que supo fue que Gretchen también estaba embarazada y quería que Charles se casara con ella. Schmid hizo todo lo posible por calmar a ambas chicas por el momento.

A Charles Schmid le gustaba presumir y, con el tiempo, los adolescentes de Speedway se habían enterado de que había asesinado a Alleen Rowe. La mayoría de los adolescentes, incluida Gretchen, habían oído el rumor. Sin embargo, la mayoría no estaba convencida de que fuera cierto.

Sin embargo, a principios de agosto de 1965, Gretchen hizo un descubrimiento mientras rebuscaba en casa de Charles, en busca de pruebas de sus aventuras amorosas. Encontró su diario. El diario, por supuesto, detallaba la violación y asesinato de Alleen Rowe.

Cuando Gretchen se enfrentó a Schmid por el diario, éste admitió que había matado a Alleen Rowe. De hecho, también afirmó haber matado a un chico de dieciséis años años años antes, cortándole las manos y enterrándolo en el desierto.

Sin embargo, la noticia de que su novio era un asesino no pareció molestar a Gretchen. De hecho, no lo veía como una mala noticia en absoluto. Lo vio como una oportunidad. Palanca. Gretchen informó a Schmid de que debía dejar de ver a otras chicas inmediatamente, o ella diría a la policía que había matado a Alleen Rowe. Y con el diario, ella tenía la prueba de su puño y letra. Pero Charles Schmid no estaba dispuesto a dejarse chantajear.

———

La noche del 16 de agosto de 1965, Gretchen y su hermana de trece años, Wendy, condujeron el Pontiac Le Mans rojo y blanco de Gretchen al autocine Cactus para ver *Tickle Me*, protagonizado por Elvis Presley.

Durante la película, Gretchen se había enterado de que Charles Schmid iba a dar una fiesta después. Pero no hubo fiesta y después de la película Gretchen y Wendy no volvieron a casa. Aunque no era raro que Gretchen se quedara fuera toda la noche, Wendy era otra historia. Wendy era joven y confiada, todo lo contrario que su hermana mayor. Su padre, preocupado, buscó a las chicas y luego llamó a la policía para denunciar su desaparición.

Dos días después de su desaparición, la policía recibió un informe según el cual las chicas podrían haber estado haciendo autostop al sur de Tucson. Una pareja había informado de que había recogido a dos chicas que coincidían con su descripción en la carretera y las había llevado hasta Nogales, Arizona, donde podrían haber cruzado la frontera con México. La pareja creía que las chicas eran Gretchen y Wendy.

Cuatro días después de la desaparición de las niñas, un detective privado contratado por el padre de éstas encontró el coche de Gretchen aparcado en el hotel Flamingo de Tucson. Las llaves seguían en el coche, al igual que el bolso de Gretchen. Tanto el asiento delantero como el trasero tenían restos de barro en el suelo. Los testigos habían visto a las chicas en el autocine, pero nadie las había visto aparcar el coche en el hotel.

Se envió a México a los agentes del Range para que buscaran a las chicas. Una semana después, recibieron informes de que se había visto a las chicas en la playa de Mazatlán. Finalmente, los detectives no pudieron confirmar ninguno de los avistamientos. Tras varios meses desaparecidas, la policía se dio por vencida y determinó que las dos chicas simplemente habían huido.

Los detectives interrogaron a todas las personas con las que se habían relacionado Gretchen y Wendy, incluidos Schmid y Bruns. Durante el interrogatorio, Bruns no tuvo ningún problema en admitir ante los detectives que Gretchen le caía mal. De hecho, la odiaba. Aun así, insistió en que no sabía nada de la desaparición de la chica.

Cuando los detectives entrevistaron a Schmid, éste les dijo que creía que las chicas habían huido a San Diego. Gretchen y su familia habían estado de vacaciones en San Diego justo un mes antes de la desaparición. Schmid explicó que cuando Gretchen volvió de vacaciones, había presumido ante todas sus amigas de una aventura amorosa de verano que había tenido con un joven en San Diego.

———

Habían pasado varios meses sin rastro de Gretchen, Wendy ni Alleen. Una noche, Bruns y Schmid estaban bebiendo en casa de éste cuando Schmid le confió: "Bueno, supongo que sabes lo que le ha pasado a Gretchen". Bruns había supuesto que estaba en San Diego, tal como Schmid le había dicho, pero entonces Schmid le contó la verdad.

Schmid afirmó que había matado a ambas chicas allí mismo, en su casa, estrangulándolas con una cuerda de guitarra. Al principio Bruns no le creyó, como tampoco creyó la historia de que había matado a Alleen Rowe. Pero Schmid dijo que podía probarlo.

Schmid condujo a Bruns a las estribaciones de las montañas al norte de Tucson, muy adentro en el desierto. Allí, entre la artemisa, estaban los cadáveres de Gretchen y Wendy Fritz. Estaban tan descompuestos que Bruns apenas los reconoció como cuerpos. Aquella noche, Bruns ayudó a Schmid a cavar fosas en el desierto para enterrar a las chicas.

———

Ese noviembre, Bruns fue detenido por alteración del orden público. Le condenaron a seis meses de libertad condicional, pero tendría que pasar el tiempo de libertad condicional en Ohio, con su abuela, en vez de en Tucson. Bruns odiaba verse obligado a volver a Ohio. Por fin había empezado a salir con una chica llamada Darlene Kirk en Tucson, pero no podría verla hasta dentro de seis meses.

Bruns se sentó en casa de su abuela y se quedó pensativo. Ahora que sabía que Charles Schmid era realmente un asesino, se le ocurrió que su novia, Darlene, podría ser su próxima víctima. Preocupado por la posibilidad de que

Schmid continuara con sus asesinatos, Bruns llamó a la policía de Tucson.

Bruns dijo a los detectives que, si conseguían que volviera a Tucson, les diría quién había matado a Gretchen y Wendy. Incluso les llevaría hasta los cadáveres. Los detectives hicieron un trato con Bruns y acordaron que no se le acusaría de los crímenes, luego devolvieron a Bruns a Tucson.

Bruns llevó a los detectives a una zona del desierto próxima a Pontatoc Road, donde desenterraron los restos óseos de las dos chicas Fritz. Esparcidos por el desierto, cerca de las tumbas, encontraron fragmentos de ropa, un zapato pequeño y una mata de pelo rubio.

———

El 10 de noviembre de 1965, Charles "Smitty" Schmid fue detenido y acusado de dos cargos de asesinato. Uno era por las hermanas Fritz y el otro por Alleen Rowe, aunque no tenían el cadáver de Alleen. Bruns no sabía dónde estaba enterrada Alleen.

Los detectives llevaron a Mary French y John Saunders para interrogarlos y les ofrecieron tratos. Por su testimonio contra Schmid, recibirían penas reducidas. Ambos aceptaron el trato. Sin embargo, cuando French y Saunders llevaron a los investigadores al desierto donde habían enterrado a Alleen Rowe, lo único que encontraron fueron sus rulos. El cadáver había sido trasladado.

El caso de asesinato atrajo una gran publicidad. Las revistas Time, Life y Playboy enviaron reporteros a Tucson para cubrir el caso. Las revistas le apodaron el Flautista de Hamelin de Tucson, por su estatus de culto entre los jóvenes de Tucson. La publicidad atrajo la atención de un hombre que vivía en la zona de Phoenix y afirmaba que podía encontrar cosas en el desierto utilizando una varilla de adivinación, un dispositivo bifurcado que se utilizaba normalmente para encontrar agua o minerales en el desierto. El hombre buscó en la zona y encontró un lugar donde creía que se encontraba el cuerpo de Aileen. Sin embargo, cuando la policía excavó no encontró nada.

Mary French se declaró culpable de ser cómplice de asesinato y fue condenada a entre cuatro y cinco años de prisión. Saunders se declaró culpable de asesinato en segundo grado, pero fue condenado a cadena perpetua cuando más tarde cambió de opinión y se negó a declarar contra Schmid.

————

Sin embargo, la acusación tenía un problema. Su caso giraba en torno a la suposición de que el motivo para matar a Gretchen y Wendy era que Gretchen había amenazado con contar a la policía el asesinato de Alleen Rowe. Pero sin un cadáver, no había pruebas de que Alleen Rowe estuviera muerta. Estaban desesperadas por que se celebrara primero el juicio por el asesinato de Alleen. Por desgracia, no consiguieron su deseo.

El juicio de las hermanas Fritz empezó en febrero de 1966, lo que dio ventaja a Schmid y a su equipo de defensa. No importó. El jurado le declaró culpable de ambos cargos de asesinato y Charles Schmid fue condenado a muerte por cada uno de ellos.

El juicio por el asesinato de Alleen Rowe comenzó en mayo de 1967. La madre de Schmid contrató al famoso abogado defensor F. Lee Bailey para que le asesorara en su defensa.

Bailey se había hecho famoso por trabajar para las defensas de Albert DeSalvo, Sam Shepard y Patty Hearst.

Durante los últimos días del juicio, se suspendió la sesión para hacer un breve receso. Cuando volvieron, el abogado de Schmid anunció que había cambiado su declaración. Schmid pidió cambiar su declaración a culpable de asesinato en segundo grado; la fiscalía aceptó. Unos días después, sin embargo, Schmid presentó una moción para despedir a sus abogados y retirar su declaración de culpabilidad. El juez denegó su petición y lo condenó a una pena de cincuenta años a cadena perpetua por el asesinato de Alleen Rowe.

Aproximadamente un mes después de empezar su condena, Schmid pidió hablar con el sheriff del condado de Pima. Por fin quería mostrar dónde había enterrado el cadáver de Alleen Rowe. Insistió en que no la había golpeado en la cabeza y dijo que, una vez encontrado el cadáver, verían que no tenía el cráneo fracturado.

Esposado, Schmid fue conducido desde la prisión al desierto, al norte de Tucson. Encontraron el cadáver de Alleen Rowe a sólo veinte metros de donde había indicado el hombre de la varilla de adivinación. Efectivamente, tenía el cráneo fracturado.

Tres años después de sus condenas, el estado de Arizona abolió temporalmente la pena de muerte y sus condenas fueron conmutadas por las de cincuenta años a cadena perpetua.

Durante su encarcelamiento, Schmid intentó fugarse varias veces, una de ellas utilizando un caballo de gimnasia hueco y otra fingiendo un suicidio. Un intento de fuga, en noviembre de 1972, tuvo éxito. Se fugó con Raymond Hudgens, otro recluso que también había asesinado a tres personas. Los dos fugitivos mantuvieron como rehenes a cuatro personas en un rancho de Tempe, Arizona, antes de ser recapturados tres días después.

En 1974, Charles Schmid cambió oficialmente su nombre por el de Paul David Ashley. No está claro por qué. Al año siguiente, fue atacado por otros dos presos y apuñalado veinte veces en la cara y el pecho. Murió diez días después a causa de las heridas, el 30 de marzo de 1975.

# CAPÍTULO 6
# LA FIESTA DE PIJAMAS

Jessica Thornsberry, de doce años, era la hermana mediana de tres hermanos. Sus hermanas, Stephanie y Patricia, eran sólo un año menor y un año mayor que ella. Las tres asistían a la Southern Middle School de Louisville, Kentucky, y participaban activamente en la Iglesia Bautista Cloverleaf.

Como suelen hacer las chicas jóvenes, a las tres les encantaba pasar la noche en casa de amigas, donde podían trasnochar y cotillear sobre el colegio y los chicos. Jessica solía quedarse en casa de April Gipson, que vivía unas casas más abajo. April también tenía doce años y Jessica y ella eran las mejores amigas.

La noche del 29 de marzo de 1995, la madre de Jessica, Diana Thornsberry, la llevó a dormir a casa de April Gipson sobre las 8 de la tarde. Quería asegurarse de que la madre de April, Carolyn Gipson, podía teñirle el pelo. Diana le dijo a su hija que no había problema y las dos chicas fueron a la tienda a comprar tinte.

De camino a la tienda, las chicas paseaban con dos chicos del barrio. Cuando volvieron, Carolyn tiñó el pelo de Jessica y las tres vieron la televisión mientras Jeremy, el hermano de diecisiete años de April, y su novia estaban en un dormitorio del piso de arriba.

Aquella noche, April y su madre se quedaron dormidas en el salón, pero Jessica estaba muy despierta. Veía la televisión sola en la cocina.

Hacia las once de la noche, April oyó que llamaban a la puerta principal y se despertó de su posición en el suelo del salón. Se dio cuenta de que Jessica había abierto la puerta principal. Unos instantes después, Jessica le susurró a April que los chicos de la noche anterior habían vuelto y querían salir. April estaba demasiado cansada y le dijo a Jessica que les hiciera marcharse. En lugar de eso, Jessica salió con los chicos. April no tenía ni idea de que ésa sería la última vez que vería a Jessica con vida.

———

A la mañana siguiente, cuando Carolyn Gipson se despertó para ir a trabajar, vio que su hija April seguía durmiendo en el suelo, pero Jessica no estaba. Supuso que el suelo del salón podía ser demasiado duro para Jessica y que había subido a dormir a la cama de April.

April se despertó poco después de que su madre se fuera a trabajar y fue a buscar a Jessica. No estaba arriba ni fuera de la casa. Suponiendo que Jessica se había despertado temprano y había vuelto a casa, llamó a la madre de Jessica. Jessica no estaba en casa y Diana Thornsberry supo que algo iba mal. Denunció inmediatamente la desaparición de su hija y salió a buscarla.

A las 8:15 de aquella mañana, unos trabajadores del condado estaban desenredando una red de paja en un proyecto de drenaje en Iroquois Park, a sólo seis kilómetros de la casa de los Gipson, cuando encontraron un diminuto cadáver femenino. El cuerpo había sido enrollado sin apretar en la red de paja y colocado entre la casa club de golf y los establos de equitación.

Los trabajadores llamaron frenéticamente a un agente de policía que había estado en el parque. El sargento Yates desenvolvió lentamente el cuerpo de la paja. En cuanto vio la sudadera verde y los vaqueros negros, supo que era el cuerpo de Jessica Thornsberry.

Diana Thornsberry sólo había denunciado la desaparición de su hija una hora antes y ya habían encontrado su cadáver. Por las marcas de ligaduras alrededor del cuello, era evidente que la habían estrangulado. Cuando la policía dio la noticia a la familia de Jessica, su hermana menor, Patricia, se tiró al suelo llorando, mientras que su hermana mayor, Stephanie, salió corriendo de la casa gritando.

Enseguida, los detectives entrevistaron a quienes la habían visto por última vez, incluidos los dos chicos jóvenes que se habían presentado en la casa después de las once de la noche. Sin embargo, los investigadores pronto se dieron cuenta de que los dos chicos, de once y trece años, no tenían nada que ver con el asesinato de Jessica.

April y Carolyn Gipson también fueron interrogadas, pero estaban desconcertadas sobre quién podría haber hecho algo tan horrible. El hermano mayor de April, Jeremy, dijo a los detectives que había visto a April por teléfono sobre las 11.30 de aquella noche, pero que ésa fue la última vez que la vio. Sin embargo, cuando los detectives entrevistaron al vecino de al lado, Mike Moberly, las piezas empezaron a encajar.

Mike Moberly, de 25 años, vivía a pocos metros de la casa de
Gipson y las dos viviendas compartían una entrada común.
Moberly dijo a la policía que le despertó un ruido en su
ventana a las 3.30 de la madrugada. Cuando miró fuera, vio
un Chrysler LeBaron azul en el camino de entrada. El coche
pertenecía a Rachel Theiss, la novia de Jeremy Gipson.
Jeremy, de diecisiete años, estaba de pie junto al coche,
fumando un cigarrillo.

Sin pensar en nada, Moberly volvió a la cama. Pero diez
minutos después, no podía dormir y volvió a mirar por la
ventana. Esta vez se dio cuenta de que habían movido el
coche. Ahora estaba dado marcha atrás en la entrada, con el
maletero mirando hacia la casa de los Gipson. Aun así,
supuso que no era nada fuera de lo normal y Moberly volvió
a dormirse.

Cuando la policía le preguntó si creía que Jeremy podía
haber estado implicado, Moberly rehuyó la idea. Dijo a los
detectives que Jeremy y él habían estado jugando al balon-
cesto en la entrada de la casa justo la tarde anterior. "Es un
buen chico. No puede estar implicado". Y añadió: "Aunque he
oído que tuvo algunos problemas con la policía hace unos
años, pero no estoy seguro de qué se trataba".

Los detectives tenían más que curiosidad por saber a qué
tipo de "problemas con la policía" anteriores se refería
Moberly. Cuando consultaron los antecedentes juveniles de
Jeremy Gipson, se quedaron boquiabiertos. Dos años antes,
cuando Gipson tenía sólo quince años, había admitido la
violación de una niña de siete. Increíblemente, el delito había
sido "delatado", lo que significa que se retiraron los cargos a
cambio de que el delincuente prometiera hacer algo. En el
caso de Jeremy, se retiraron los cargos con la promesa de que
acudiría a terapia. Sin embargo, Jeremy Gipson sólo asistió a

unas pocas sesiones de asesoramiento y no volvió a presentarse. Los fiscales que llevaban el caso no volvieron a llevarle ante el tribunal cuando no cumplió su parte del trato y el caso quedó en la nada. Jeremy había violado a una joven inocente y había quedado completamente impune por el delito.

Para empeorar las cosas, los casos de menores de Kentucky estaban (y siguen estando) protegidos por leyes de confidencialidad, leyes concebidas para proteger al delincuente y no a la víctima. Diana Thornsberry no tenía forma de saber que cuando accedió a que sus hijas pasaran la noche en casa de los Gipson, como hacía a menudo, no estaban seguras. Estaban bajo el mismo techo que un depredador de menores, lo que en última instancia condujo a la muerte de Jessica.

Con estos nuevos conocimientos, los investigadores interrogaron de nuevo a Jeremy Gipson. Esta vez, Jeremy pidió que su madre no estuviera en la sala para la entrevista. Entonces tuvo una historia diferente que contar.

Jeremy dijo a los detectives que había salido de casa de los Gipson a altas horas de la noche y había salido con dos hombres mayores, aunque no sabía sus nombres. Los tres estaban bebiendo alcohol, fumando marihuana, tomando metanfetaminas y bebiendo algo que, según le dijeron, era "ácido líquido" o LSD.

Cuando volvió a casa de madrugada, su novia, Rachel, estaba dormida en un dormitorio del piso de arriba y él fue al sótano a fumar más marihuana. Fue entonces cuando, según Jeremy, Jessica bajó las escaleras del sótano. Al parecer, Jessica estaba enamorada de Jeremy desde hacía tiempo. De hecho, él afirmaba que incluso estaba enfadada con él porque salía con otra chica.

Jeremy dijo a los investigadores que Jessica se había fumado un porro con él. Cuando le pidió que le ayudara a encontrar su pipa de marihuana y ella se negó, la golpeó en la nuca. En estado de estupor, la golpeó una y otra vez, luego le rodeó el cuello con las manos y empezó a asfixiarla. Jeremy le bajó los pantalones y la violó mientras le apretaba y le soltaba el cuello una y otra vez. Luego le dio la vuelta y la sodomizó sin dejar de estrangularla. Cuando terminó, se dio cuenta de que estaba muerta.

En un débil intento de que pareciera que Jessica se había suicidado, cogió un cable eléctrico, se lo enrolló al cuello y tiró. Sin embargo, Gipson se dio cuenta de que el suicidio de una niña feliz de doce años no iba a parecer creíble. Entonces la metió en el maletero del coche de su novia, la envolvió en una red de paja que encontró y arrojó su cuerpo en el parque Iroquois.

Sesenta y dos días después de asesinar a Jessica Thornsberry, Jeremy Gipson fue procesado, se declaró culpable y fue condenado a cadena perpetua con posibilidad de libertad condicional en veinticinco años. En febrero de 2020, a Jeremy Gipson se le denegó la libertad condicional. Volverá a tener derecho a la libertad condicional en 2030.

# CAPÍTULO 7
# MÁS ALLÁ DE LA REDENCIÓN

Justo al noreste del centro de Filadelfia, Pensilvania, junto al río Delaware, Fishtown había sido un barrio de clase trabajadora durante siglos. Sin embargo, una era de desindustrialización en las décadas de 1980 y 1990 hizo que muchas de las ciudades del "cinturón del óxido" de Estados Unidos cayeran en la pobreza, cuando las familias que habían trabajado en la industria pesada y manufacturera perdieron sus empleos.

Aunque hoy en día Fishtown es un barrio próspero con cafeterías de moda y caros apartamentos tipo loft, a principios de la década de 2000 era un lugar duro para que creciera un niño.

Sin embargo, Jason Sweeney, de dieciséis años, no era un chico corriente. Tenía ambición y sabía exactamente lo que quería hacer con su vida. Quería ser Navy Seal, y estaba bien encaminado. Le habían admitido en la Academia Militar Valley Forge, pero aún no tenía dinero para pagar la matrícula. Aunque había abandonado el instituto, tenía un trabajo fijo en la empresa de construcción de su padre y ahorraba todo lo que ganaba para pagar la matrícula.

––––––––

Desde cuarto curso, Jason había sido el mejor amigo de su vecino, Eddie Batzig. Durante sus años de preadolescencia, Jason y Eddie lo habían hecho todo juntos; jugaban a videojuegos, escuchaban música y todo lo demás que harían los típicos chicos jóvenes. Cuando ambos tenían catorce años, Jason se fue a la costa de Jersey con la familia de Eddie y, más tarde, ese mismo verano, Eddie se fue con la familia de Jason de vacaciones a Florida.

Pero unos años más tarde, justo después de que Jason abandonara los estudios y empezara a trabajar para su padre, Eddie y Jason empezaron a distanciarse. Jason había intentado mantener la amistad, pero Eddie se había dejado influir por otros dos chicos del barrio, Nicholas Coia, de dieciséis años, y Dominic Coia, de diecisiete.

Durante un breve periodo de tiempo, Jason fue acogido en la nueva camarilla de chicos, pero enseguida se dio cuenta de que los hermanos eran diferentes. Aunque Jason hacía todo lo posible por mejorar su vida, veía que los hermanos Coia no se parecían en nada a él. No tenían otro plan de vida que drogarse y causar problemas. Por desgracia, habían influido en Eddie para que hiciera lo mismo. Eddie, Nicholas y Dominic se pusieron celosos de Jason porque ganaba dinero y ahorraba para la matrícula, mientras que ellos iban sin rumbo por la vida.

––––––––

A finales de mayo de 2003, durante el fin de semana del Día de los Caídos, Jason conoció a una chica de quince años llamada Justina Morley. Quedó prendado al instante. Estaba entusiasmado. Por primera vez en su vida, tenía novia y pensaba que estaba enamorado. Durante los días siguientes, Jason dijo a su familia que estaba deseando que conocieran a Justina. Estaba seguro de que a ellos también les encantaría. Era tan dulce. Pero Jason no conocía la historia completa de Justina.

Justina Morley había sido expulsada de la escuela pública durante el octavo curso, y al año siguiente repitió curso por segunda vez en una escuela católica privada de Fishtown. No había sido la primera vez que Justina repetía curso. Justina había empezado a fumar marihuana cuando sólo tenía diez años. Poco después empezó a esnifar cocaína, a robar pastillas con receta y a fumar marihuana mezclada con líquido de embalsamar. Pocos años después, empezó a cortarse las muñecas y los muslos con cuchillas de afeitar y a amenazar con suicidarse. Su madre hizo que la ingresaran en el Hospital Friends de Filadelfia, pero más tarde la retiró en contra del consejo del personal del hospital.

Jason Sweeney no tenía ni idea de dónde se estaba metiendo con Justina. Tampoco sabía que, cuando la conoció, ella mantenía relaciones sexuales tanto con Eddie Batzig como con Nicholas Coia a cambio de heroína.

———

El 30 de mayo de 2003, sólo cuatro días después de conocerla, Justina le dijo a Jason que estaba dispuesta a tener relaciones sexuales con él. Sólo tenían que encontrar un lugar apartado donde pudieran estar solos. Para un chico de

dieciséis años, ésas eran palabras mágicas y Jason estaba exci-
tadísimo. Justina sugirió que fueran a The Trails, una zona
boscosa en la orilla norte del río Delaware, más allá de una
calle sin salida de viejos almacenes.

A última hora de aquella tarde, Jason y Justina se adentraron
en el bosque, donde nadie podía ver. Cuando encontró el
lugar perfecto, Justina se detuvo, lo besó y le dijo que se
quitara los pantalones. Sin perder un segundo, él obedeció.
Jason se quitó primero los zapatos y se bajó la cremallera,
pero antes de que pudiera bajarse los pantalones, oyó pasos
rápidos detrás de él, seguidos de un hachazo en la cara.

———

Los padres de Jason se preocuparon mucho cuando no
apareció aquella noche y no contestaba al móvil. No era
propio de él. Jason era un chico responsable y nunca se
habría quedado fuera toda la noche sin avisar a sus padres.
Su hermana había visto a Jason a primera hora del día con
Justina Morley, pero en realidad no conocía a la chica y no
tenía ni idea de cómo ponerse en contacto con ella. Al
anochecer, la familia llamó a la policía para denunciar la
desaparición de Jason.

A las 2 de la tarde del día siguiente, dos chicos que montaban
en bicicleta de montaña en The Trails encontraron el cadáver
de Jason Sweeney. Aunque la policía sabía que se había
denunciado la desaparición de Jason y la ropa parecía coincidir con la descripción de lo que llevaba puesto la última vez
que se le vio, en un principio las autoridades no pudieron
identificarlo. Tenía la cabeza tan golpeada que apenas era
reconocible como humano. Era sólo un amasijo de carne,
sangre y huesos rotos. El único hueso de la cabeza que no

había sido aplastado era el pómulo izquierdo. Aquella noche, los padres de Jason sólo pudieron identificarlo por una herida reciente en la mano, donde se había lesionado trabajando en la construcción la semana anterior.

———

La policía pidió a la familia de Jason una lista de sus amigos más íntimos para poder empezar a interrogarle y buscar pistas. La hermana de Jason mencionó a la policía que le había visto ese mismo día con Justina Morley, pero cuando la policía llegó a casa de Justina, su madre dijo que Justina no había estado en casa en los últimos días y que no tenía ni idea de dónde estaba. A la policía le preocupaba que quien hubiera matado a Jason hubiera secuestrado a Justina, así que cuando apareció dos días después, se sintieron aliviados. Pero Justina tenía una historia que contar.

———

Los detectives interrogaron simultáneamente a Justina Morley, Eddie Batzig Jr., Nicholas Coia y Domenic Coia en cuatro salas de interrogatorio distintas, de modo que los detectives pudieran ir y venir entre los adolescentes para verificar sus historias.

Justina dijo a la policía que ella y Jason habían ido a The Trails a mantener relaciones sexuales cuando él fue atacado con saña. Cuando Jason oyó los pasos detrás de él y se volvió para ver qué ocurría, vio a su mejor amigo desde cuarto curso, Eddie Batzig, y a los dos hermanos Coia. Eddie se abalanzó sobre él con el hacha, asestándole un golpe tras otro. Jason gritó: "¡Para, por favor! Estoy sangrando!" Pero

Eddie no paró. Cuando Jason intentó huir, Nicholas Coia le
siguió rápidamente con un martillo. Nicholas le golpeó la
cabeza repetidamente. Domenic Coia cogió entonces
grandes piedras y golpeó a Jason en la cabeza. Justina dijo a la
policía: "Fue horrible. Me pareció eterno".

Justina culpó del brutal asesinato a los tres chicos, pero
cuando éstos fueron interrogados, dijeron a los investigadores que Justina participó en el asesinato tanto como los
demás. Aunque puede que no golpeara a Jason, participó
activamente en la planificación del asesinato e incluso le
atrajo a The Trails con el propósito específico de matarle.

Los tres chicos contaron la misma historia. Jason manaba
sangre y suplicaba por su vida mientras ellos continuaban la
brutal agresión. Domenic dijo a los detectives: "No pará-
bamos de pegarle y pegarle". Tendido en el suelo, apenas
capaz de ver a través de la sangre que le goteaba en los ojos,
Jason miró a Justina y le dijo: "Me tendisteis una trampa".
Ésas serían sus últimas palabras. El golpe final vino del
hermano mayor, Domenic Coia, que agarró una gran roca y
se la dejó caer en la cabeza.

Los cuatro adolescentes sabían que Jason acababa de cobrar
el cheque de su trabajo en la construcción y llevaba encima
500 dólares. Se llevaron el dinero, su cartera y un paquete de
chicles. Domenic Coia dijo a los detectives que, mientras se
alejaban de la escena del crimen, se detuvieron para darse un
abrazo en grupo, rieron y gritaron. "Luego nos repartimos el
dinero y nos fuimos de fiesta sin redención".

Los investigadores preguntaron a Domenic Coia si estaba
colocado en el momento del asesinato. Respondió: "No,
estaba tan sobrio como ahora. Es enfermizo, ¿verdad?".
Cuando le preguntaron por qué había cogido el paquete de

chicles, Eddie respondió fríamente: "No es que fuera a necesitarlo". Los cuatro admitieron libremente el brutal asesinato y afirmaron que su motivo eran los 125$ que cada uno cogió de la cartera de Jason. Gastaron el dinero en marihuana, Xanax y heroína, pero estaba claro que su motivación iba más allá del dinero. Era una implacable sed de sangre.

Los cuatro adolescentes explicaron que llevaban semanas planeando el asesinato y que escuchaban la canción de los Beatles "Helter Skelter" una y otra vez mientras hacían sus planes. Era la misma canción que, según Charles Manson, había inspirado a él y a sus seguidores durante su matanza de 1969. Morley, Batzig y los hermanos Coia habían planeado hasta el último detalle del asesinato, incluidas las armas que utilizaría cada uno y quién daría el primer golpe.

———

Los cuatro adolescentes habían explicado su participación en el delito, pero también eran todos menores. Si eran juzgados como menores, existía la posibilidad de que volvieran a la calle a los veintiún años. Los fiscales debían juzgarlos como adultos para asegurarse de que no pudieran salir de la cárcel en toda su vida. La única forma de garantizarlo sería mediante el testimonio de testigos oculares, y la única forma de conseguirlo sería llegar a un acuerdo con uno de ellos.

Aunque Justina Morley era igualmente culpable del asesinato, en realidad no había asestado ningún golpe. Los fiscales ofrecieron a Justina una pena menor de asesinato en tercer grado a cambio de su testimonio contra sus conspiradores. Aceptó el trato y fue condenada a entre diecisiete años y medio y treinta y cinco años de prisión.

Eddie Batzig, Nicholas Coia y Dominic Coia fueron acusados de asesinato en primer grado, conspiración, robo y posesión de un instrumento del delito. Ninguno de ellos parecía arrepentido en lo más mínimo.

———

Mientras estaban todos en la cárcel, Justina Morley interpretó el papel de la joven inocente que se había dejado influir por los chicos delincuentes. Sin embargo, a través de las cartas que se enviaban unos a otros, su verdadera personalidad salió a la luz.

Los tres chicos fueron juzgados juntos como adultos en marzo de 2004. El primer día del proceso, el Tribunal Supremo de EE.UU., en un caso distinto, dictaminó que los acusados menores de dieciocho años no podían ser ejecutados. A Domenic Coia le faltaban sólo catorce días para cumplir dieciocho años cuando asesinaron a Jason Sweeney. Eso significaba que la pena de muerte quedaba descartada para todos ellos.

Durante el juicio, Justina Morley lloró al recordar cómo los chicos habían apaleado a Jason Sweeney delante de ella. Sin embargo, la defensa no se anduvo con miramientos y la interrogó sobre sus cartas en la cárcel, en las que eludía cualquier remordimiento por el asesinato. Morley escribió a Domenic Coia:

> "Soy culpable. Pero sigo sin sentirme culpable de nada. Sigo disfrutando de mis flashbacks. Me reconfortan. Me encantan".

En cartas adicionales, escribió

"Me preguntaste cuánto sangraríamos si estuvié-
ramos juntos. Literalmente, constantemente.
Disfrutaría de la sangre cada día. Torturando a
esa gente patética. Quiero hacerles sufrir.
PASIÓN POR EL ASESINATO".

"...Me gustan las películas sobre Hannibal Lecter
y siempre he querido vivir de la carne humana.

Si salgo, me pondrán colmillos permanentemente. Recuerdo que hace como dos años
intenté afilarme los dientes con una lima
metálica".

Justina Morley escribió varias cartas sexualmente explícitas y
violentas a sus tres cómplices.

"Así que dices que soy manipuladora, y sí, creo
que lo soy en cierto modo. Soy persuasivamente
manipuladora, y creo que también se me da
bastante bien. Disfruto arrastrando a la gente.

Dime que no disfrutas con estos humanos
crédulos. Es curioso lo fácil que es persuadirlos
con mentiras.

Soy una puta de sangre fría adoradora de la
muerte que sobrevive alimentándose de los
débiles y los solitarios. Los atraigo y luego los
aplasto".

Otra carta a Domenic leía:

"Sería difícil hacerme llorar, hacer que la gente
pensara que tenía remordimientos, o miedo, o lo

que fuera. Es divertido hacer que la gente piense y se confunda".

En otras cartas enviadas a Domenic, afirmaba que, si alguna vez los ponían en libertad, quería tener un hijo suyo. También sugirió que, en caso de que no los pusieran en libertad, acordaran un pacto de suicidio.

"Necesitas tener descendencia conmigo. ¡Te necesito! Hablo en serio y deberías llevarme en serio a la cama contigo. ¡Te quiero!

No me importa qué o a quién hayas matado. Realmente aplaudiría si mataras a una persona".

Morley admitió que se había acostado con Batzig y Nicholas Coia a cambio de heroína justo antes del asesinato y que se había desnudado para los tres chicos en un furgón de la cárcel cuando los detuvieron a todos por primera vez.

Eddie Batzig le escribió: "Eres una gran persona, una chica increíble y una chica -o debería decir, mujer- preciosa".

El abogado de Batzig hizo todo lo posible por demostrar que su cliente había sido influido por Morley y no al revés. Durante el contrainterrogatorio, preguntó a Morley: "¿No cree que tiene a estos tipos bajo control?".

Ella respondió: "No".

Y continuó: "¿No hablabais de que cada uno de ellos haría esos diferentes tipos de cosas violentas y de cómo os emocionaría?".

"Sí", respondió ella.

"¿No sentiste que todos te adoraban?"

"No".

Lloró cuando le enseñaron fotos de la cabeza maltrecha de Jason y el abogado de Batzig siguió enfrentándose a ella por su carta, en la que escribía sobre hacerse llorar. La acusó de hacer precisamente eso durante el juicio.

Se leyeron otras cartas de Morley para el jurado:

> "¿Recuerdas que te dije que había tenido un gran sueño? Pues era sobre mí y mataba a una señora en mi habitación. La golpeé con un dos por cuatro. Y luego la abrí en canal y le saqué todos los órganos, le corté la cabeza, le saqué el cerebro.
>
> La metí en mi armario durante tres días y noté que goteaba sangre del techo a mi salón y en mi alfombra.
>
> Subí las escaleras, cogí su cuerpo, lo metí en la bolsa de basura llena de ropa y la metí en un contenedor. Por supuesto, me comí sus sesos y órganos.
>
> Luego sigo matando hembras y comiéndome sus entrañas".

En otra carta, recordaba la película de Edward Norton American History X:

> "Recuerdo que la primera vez que lo vi, tenía una sonrisa en la cara. Más aún cuando le

pisoteó la cabeza al tipo. Quiero hacerle eso a alguien. Creo... no, lo sé, sería divertido. Me divierto sólo de pensarlo".

Otra carta dirigida a Nicolás Coia decía

> "Dijiste que no podíamos tener sexo si te daban cadena perpetua, y yo digo ¿por qué no? Lo haré en la sala de visitas con todos mirando. O podría llevar una falda muy corta sin ropa interior y lo haré así.
>
> Si me quedo embarazada, prometo quedármelo, pero ¿cómo se va a llamar? Dame un nombre de niño y de niña".

respondió Nicolás:

> "Fui un estúpido cuando éramos libres. Debería haberte hecho mi chica. Me gustas de verdad. ¿Recuerdas la primera vez que salimos? Te quería tanto que tuve que dejarte, porque tenía miedo de que me abandonaras como hizo mi madre. Te quiero".

En una carta dirigida a Domenic Coia se leía:

> "Entonces, Dom, para que conste, ¿cuándo vas a ceder a mi amor por ti? Intento ser paciente, pero no lo consigo".

Ese mismo día, envió una carta a Eddie Batzig que decía

"Echo de menos tu culo gamberro. Sabes que tú también me echas de menos. No mientas. ¿Sabes lo que más echo de menos? Tu sexo".

respondió Batzig:

"Sinceramente, creía que me estaba enamorando de ti. Aún no era amor, pero casi. Me gustabas lo suficiente como para hacer lo impensable. Este verano habría sido genial, pero ahora la cárcel. No es tan malo como la televisión, pero no es la libertad. Con amor, Eddie".

———

En mayo de 2005, los tres chicos fueron juzgados como adultos y declarados culpables de asesinato en primer grado, conspiración, robo y posesión de un instrumento delictivo. Por el cargo de asesinato, cada uno recibió una condena de cadena perpetua sin libertad condicional. Todos recibieron una condena adicional de veintidós años y medio a cuarenta y cinco años por los cargos restantes.

Tanto durante el juicio como en la sentencia, los tres chicos no mostraron remordimiento alguno por el asesinato. Durante la vista de la sentencia, el padre de Jason Sweeney se dirigió a Domenic Coia:

"Mírame, Domenic. Sé que crees que tienes ojos malvados, pero los míos te van a estar mirando cada noche durante el resto de tu vida".

Domenic respondió fríamente: "Nunca pensé que tuviera ojos malignos. Pero aparte de eso, estoy bien".

———

Mientras que Domenic Coia, Nicholas Coia y Eddie Batzig pasarán el resto de sus vidas en prisión por el asesinato, Justina Morley salió de la cárcel en 2020 a la edad de treinta y dos años.

# CAPÍTULO 8
# RATA EN EL HORNO

**D**urante la mayor parte de su vida, James "Jimmy" Sheaffer tuvo problemas con el dinero. El conductor de limusinas de treinta y seis años no tenía ningún control sobre las pequeñas cantidades de dinero que ganaba. De hecho, ocurría lo contrario: el dinero le controlaba a él. Desde que tenía uso de razón, Jimmy se había gastado su sueldo antes de tener la oportunidad de tocarlo. Era un problema común para mucha gente, pero Jimmy había dejado que sus finanzas llegaran a un punto de ebullición.

Aunque no estaban casados, Jimmy y su novia de diecisiete años tenían tres hijos juntos y compartían casa en la tranquila ciudad suburbana de Deltona, Florida, a cincuenta kilómetros al norte de Orlando. Su novia, sin embargo, no tenía ni idea de hasta qué punto Jimmy había dejado que su situación financiera se le fuera de las manos hasta abril de 2013, cuando les cortaron el agua de la casa.

Pero el agua era la menor de las preocupaciones de Jimmy. Había gente tras él. Gente mala. Durante años, Jimmy se había jugado sus ganancias. Cuando se le acababan, pedía prestado a amigos y familiares. Cuando los amigos y la familia dejaron de prestarle dinero, pidió prestado a tiendas de préstamos de día de pago, y luego a sus corredores de apuestas. Era sólo cuestión de tiempo que esas personas quisieran recuperar su dinero.

Había sobregirado todas las cuentas bancarias que había tenido e, inevitablemente, los bancos cerraron sus cuentas. Comprensiblemente, esto le causaba problemas, sobre todo cuando llegaba el momento de cobrar el cheque de 1.200 dólares de la Seguridad Social por incapacidad que recibía todos los meses.

Para ocultar sus problemas económicos a su novia, Jimmy hizo un pacto con su íntima amiga, Angela Stoldt, que vivía enfrente. Conocía a Angela desde hacía cinco años y ella accedió a ayudarle a cobrar sus cheques de la Seguridad Social.

Para cobrar sus cheques de la Seguridad Social, Jimmy cambió el beneficiario de sus prestaciones a nombre de Angela y ésta abrió una cuenta bancaria a su nombre. Cuando llegaron los cheques de Jimmy, Angela ingresó los 1.200 $ en la cuenta. El plan era que Jimmy retirara 1.100 $ con la tarjeta de débito que ella le había dado, lo que dejaría 100 $ al mes para Angela, su pago por hacerle un favor a su amigo.

Sin embargo, debería haber sabido que proporcionar a Jimmy su propia tarjeta de débito era una muy mala idea. Desde el primer mes de apertura de la cuenta, Jimmy retiró más dinero del acordado, dejando a Angela con la cuenta al descubierto. El importe en descubierto pasó a una línea de crédito que se acumulaba cada mes.

El acuerdo había durado dieciocho meses, pero cada mes Jimmy seguía retirando más de lo que había en la cuenta. La deuda -de la que Angela era la única responsable- crecía y crecía. Angela no tenía forma de pagar la deuda que Jimmy Sheaffer había acumulado. Ella también tenía sus propios problemas económicos y sus propios problemas.

———

Angela Stoldt, de 40 años, nació en Bangkok, Tailandia. Su padre estaba en las Fuerzas Aéreas y ella y su hermana mayor fueron de base en base hasta su adolescencia, cuando la familia se estableció en Deltona, Florida. Durante sus primeros años, Angela tuvo problemas para hacer amigos. Cada vez que se hacía amiga de otros niños de la base actual de las Fuerzas Aéreas, a la familia le tocaba mudarse de nuevo. Como consecuencia, creció sintiéndose alienada. Se sentía como una marginada dondequiera que fuera, sin acabar nunca de encajar con los demás niños.

Angela padeció depresión y ansiedad durante toda su vida, por lo que le dieron medicación. También tomaba medicación para el hipotiroidismo.

Durante su primer año de instituto, empezó a salir con un chico tres años mayor que ella. Fue su primer novio. Al cabo de unos meses, Angela, de quince años, dejó el instituto, se fue a vivir con él y se casaron.

A los veinte años, Angela se había divorciado de su primer marido y se había vuelto a casar. Aunque ella y su segundo marido tuvieron un hijo juntos en 1996, sólo tres años después también se divorciaron.

A los veinticinco años, Angela conoció a su tercer marido y se casó con él. Su nuevo marido se ganaba bien la vida.

Compraron una casa juntos y Angela dio a luz a su hija. Angela y su tercer marido permanecieron juntos durante trece años, hasta que él desarrolló problemas de salud y empezó a dirigir su ira hacia ella. En 2011, su marido abandonó su relación y a sus hijos.

Ángela volvía a ser madre soltera sin más medios de subsistencia que sus propios cheques de la Seguridad Social. Para empeorar las cosas, sus esfuerzos por ayudar a su amigo con sus problemas económicos se convirtieron de repente en sus propias obligaciones económicas.

———

Poco después de las 3 de la madrugada del 4 de abril de 2013, Jimmy Sheaffer había terminado su ruta en Blue Diamond Limousines y se detuvo en el aparcamiento de su empresa para devolver el coche. Había pasado las últimas horas llevando y trayendo a su cliente a Tampa y estaba dispuesto a relajarse. Pero antes quizá una copa. Jimmy entregó las llaves a su jefe y salió de la oficina, donde se metió en un coche que le esperaba, dejando atrás el suyo.

A la mañana siguiente, Candy, la novia de Jimmy, se preocupó al darse cuenta de que no había vuelto a casa esa noche. Suponiendo que posiblemente se había pasado por casa de sus padres después del trabajo, los llamó. Pero ellos tampoco sabían nada de él. El padre de Jimmy llamó a la policía para denunciar su desaparición.

Los investigadores empezaron a buscar a Jimmy consultando a su jefe y encontraron su coche todavía aparcado en el aparcamiento. Aunque su jefe le había visto subir a un coche aquella tarde, no se había molestado en mirar el coche y no tenía ni idea de quién podía haberlo recogido. Su jefe y sus compañeros de trabajo decían que Jimmy era muy querido y un conductor popular. Tenía clientes habituales que a menudo preguntaban por él por su nombre.

A continuación, los detectives hablaron con los amigos y la familia de Jimmy. Su novia confirmó que no había sido ella quien le recogió del trabajo aquella noche y que no tenía ni idea de quién podía haber sido. Sin embargo, acababa de recibir un mensaje de texto de él. El mensaje de texto era vago e insinuaba que le estaban buscando y que necesitaba pasar desapercibido durante un tiempo. Su teléfono móvil también mostraba que Jimmy había intentado llamar pero había colgado antes de que ella pudiera contestar. Cuando la policía habló con sus amigos, descubrió que muchos de ellos habían recibido mensajes similares de Jimmy, diciendo que se escondía hasta que fuera seguro volver a casa.

A los investigadores les pareció que Jimmy Sheaffer simplemente había huido. Quizá debía dinero a alguien y volvería más tarde por su propio pie.

Los investigadores hablaron con sus vecinos, uno de los cuales era Angela Stoldt, que vivía justo enfrente. Había estado de pie en su acera observando la conmoción en torno a la casa de Sheaffer.

Angela dijo a los investigadores que conocía bien a Jimmy. A menudo bebían juntos y sus hijos tenían edades similares y jugaban juntos. Angela afirmó no tener ni idea de dónde podía estar Jimmy, pero admitió que conocía sus problemas económicos y que tenía deudas pendientes con varias personas. También mencionó que ella era la beneficiaria de sus cheques de invalidez porque él no podía cobrarlos.

Los investigadores examinaron más de cerca las deudas de Jimmy y descubrieron que había estado pidiendo préstamos frenéticamente durante los últimos cinco años. Cada céntimo que caía en sus manos se le escapaba rápidamente de las manos. Había conseguido ocultárselo a su novia, pero era evidente que estaba preocupado. Llevaba meses sin pagar la hipoteca y el banco amenazaba con ejecutarla.

Pasaron varios días antes de que los investigadores volvieran a ver a Angela Stoldt para interrogarla de nuevo. No era sospechosa, pero, por lo que sabían, era la mejor amiga de Jimmy. Si él se estaba escondiendo, tal vez ella sabía dónde estaba pero no se lo decía.

Ángela insistió en que no estaba ayudando a Jimmy a esconderse. Para demostrarlo, mostró a los detectives su móvil, donde Jimmy le había enviado un mensaje diciendo que le perseguían. Para apaciguarlos aún más, Angela les invitó a su casa. Dentro, la policía encontró una de las casas más descuidadas que habían visto nunca: los trastos y la basura se amontonaban literalmente por toda la casa, dejando sólo pequeños pasillos entre las habitaciones. Aunque la casa estaba desordenada, no había señales de Jimmy ni de juego sucio.

A pesar de que Angela no era sospechosa de ningún delito, los investigadores tuvieron la intuición de que sabía más de lo que decía. Por eso la llevaron a comisaría para interrogarla oficialmente. Una vez dentro de la sala de interrogatorios, a los detectives les pareció extraño que se pusiera gafas de sol oscuras y adoptara un tono más defensivo. Seguía insistiendo en que no tenía ni idea de dónde estaba Jimmy, pero su historia había cambiado. Esta vez admitió haber visto a Jimmy la mañana del 4 de abril, el día en que desapareció.

Angela afirmó que conoció a Jimmy en el banco, donde ella le había abierto la cuenta y él le dio 150 dólares para pagar las comisiones por descubierto. También dijo a los investigadores que él se había pasado por su casa esa misma noche y que habían hablado en el porche. Dijo que Jimmy estaba nervioso y que la gente le perseguía. Volvió a pedirle dinero prestado. Angela afirmó que las dos veces que lo vio, no estaba solo. Había alguien más en un coche esperándole, pero no tenía ni idea de quién era ni de qué aspecto tenía. Ni siquiera se había dado cuenta del tipo de coche que conducían.

Angela afirmó que le dijo a Jimmy que la policía le estaba buscando y que debía acudir a ellos en busca de ayuda, pero él se negó. Afirmó que las personas que le buscaban estaban utilizando a la policía para encontrarle.

Al oír la historia de Angela, los detectives empezaron a preguntarse si acabarían encontrando a Jimmy muerto a manos de alguien a quien debía dinero. Aunque sus historias eran extrañas, no tenían sospechas de que ella hiciera otra cosa que ayudarle a esconderse.

———

Habían pasado más de dos semanas desde la desaparición de Jimmy Sheaffer y los misteriosos mensajes de Jimmy a sus amigos y familiares habían cesado.

Sin embargo, el caso dio un giro drástico la noche del 21 de abril, cuando la policía recibió una llamada telefónica de la hermana de Angela, April Leach. April dijo a la policía que Angela Stoldt estaba mentalmente inestable y amenazaba con suicidarse.

Cuando Angela habló con la policía, pidió hablar con el investigador principal que llevaba el caso de Jimmy Sheaffer. Era un desastre cuando llegó a la comisaría, lloraba histérica-mente y apenas podía hablar con frases completas. Como preparación para el interrogatorio, el investigador le leyó los derechos Miranda y ella se quedó callada. "Necesito hablar con un abogado", dijo.

El investigador puso fin al interrogatorio antes de que empezara pero, a pesar de pedir un abogado, Angela siguió hablando. Murmuró: "Deberíais haberme detenido. Podríais haberlo terminado antes de que llegara a este punto".

Sin embargo, el investigador no pudo continuar el interrogatorio, ya que ella había pedido representación legal. Angela fue trasladada a un centro de salud mental cercano, pero sólo pasaron unas horas antes de que volviera a preguntar por el investigador. Esta vez, estaba dispuesta a hablar sin abogado.

"Quiero contarte lo que le pasó a Jimmy", dijo.

————

Angela dijo a los detectives que había sido ella quien había recogido a Jimmy del aparcamiento de limusinas aquella noche a las 3 de la madrugada.

Dejaron allí el coche de él y se dirigieron a casa de ella, donde bebieron vodka y aguardiente de melocotón y tomaron Flexeril, un fuerte relajante muscular que ella había robado del botiquín de su padre.

Jimmy, por supuesto, quería pedir dinero prestado y le pidió a Ángela que hablara con su padre para ver si le prestaba 4.000 dólares para pagar algunas de sus deudas. Ángela mintió a Jimmy. Le dijo que ya había hablado con su padre y que le prestaría el dinero, pero Angela no había hablado con su padre y no tenía intención de ayudarle. Ella le había ayudado mucho más de lo que lo habría hecho cualquier otro amigo; él le había devuelto el favor con una mentira tras otra. Ella quería que él sintiera lo que era que te mintieran.

Angela afirmó que, a las 5 de la mañana, le llevó en coche al cementerio de Osteen y aparcó. Habían hablado a menudo allí antes. Jimmy, sin embargo, creía que iban en coche a casa del padre de ella. Una vez que aparcaron, ella le dijo que su padre no iba a darle dinero y ella tampoco.

Ángela le dijo a Jimmy que iba a retirar el anticipo del cobro de cheques de la cuenta bancaria. Eso significaba que si el saldo era inferior a cero, el banco dejaría de emitir crédito. No podría retirarlo hasta que pagara el saldo pendiente.

Angela dijo a los detectives que Jimmy montó en cólera. Le puso las manos alrededor del cuello e intentó estrangularla. Jimmy gritó: "¡Confié en ti! ¡Necesito ese dinero! Van a echar a toda nuestra familia. ¿No te importa una mierda que mis hijos se queden sin casa?".

Angela dijo que temió por su vida y metió el brazo en el asiento trasero, buscando algo con lo que protegerse. Metió la mano en una caja de cartón llena de material de acampada que había en el asiento trasero. Tanteó a ciegas en la caja hasta que sintió un mango de madera. Entonces sacó un picahielos y se lo clavó en el ojo a Jimmy.

Jimmy seguía acercándose a ella. Angela volvió a meter la mano en la caja y sacó un trozo de cuerda con asas de plástico en cada extremo. Era una herramienta utilizada para trepar a los árboles. Le rodeó el cuello con la cuerda, tiró de las asas y lo estranguló hasta matarlo en el asiento delantero de su coche.

Una vez muerto, le explicó que le había sacado el picahielos del ojo, le había envuelto la cabeza en papel film y lo había apoyado en el asiento. Le miró durante unos segundos, le clavó el picahielos en el otro ojo y se fue a casa.

Cuando los detectives le preguntaron dónde estaba el cadáver, Angela gritó: "Pensé que si podía reducirlo de tamaño podría hacerlo desaparecer".

"¿Cómo?", preguntaron.

"Tuve que cortarlo".

————

Angela Stoldt explicó cómo llevó el cuerpo de Jimmy a su casa y lo arrastró hasta el garaje. Utilizando una sierra para metales, desmembró el cuerpo y colocó las partes en dos piscinas infantiles para contener el desorden. Luego, trozo a trozo, cortó el cuerpo en pedazos pequeños y manejables.

Dijo a los detectives que cuando la estaban interrogando en la acera justo después de que Jimmy desapareciera, ella tenía su cabeza en una olla sobre el fuego, intentando hervirla hasta dejarla en nada.

> "Si hubieras caminado un poco más hacia mi casa, habrías olido las partes de su cuerpo en el horno".

Cuando la hija de Angela se quejó del olor a carne quemada, ella la tranquilizó diciéndole que sólo era una rata que se había colado en el horno.

Angela descuartizó, hirvió y cocinó las partes del cuerpo de Jimmy durante días en su casa. Le dijo a su hijo que eran partes de un ciervo que había atropellado con su coche.

Tras sellar herméticamente las piezas restantes en bolsas de basura de plástico negro, pidió ayuda a su hijo para distribuirlas por la ciudad en contenedores aleatorios. Enterró su teléfono móvil en un lugar y su carné de conducir en otro.

Ángela explicó cómo utilizó el móvil de Jimmy para enviar mensajes de texto engañosos y colgar llamadas telefónicas a sus amigos y familiares para que supusieran que huía de aquellos a quienes debía dinero.

Cuando la policía registró los contenedores en los que decía haber tirado las partes del cuerpo, no encontró nada. Sin embargo, en un vertedero ilegal cercano al cementerio de Osteen, los investigadores encontraron parte de la ropa de Jimmy, la olla de sopa, un hueso del muslo, una rótula y trozos de carne. Fueron los únicos trozos de su cuerpo que se encontraron.

Angela no mostró ningún remordimiento y dijo a los detectives: "Lo siento, pero puse a Jimmie donde debía estar".

———

Angela Stoldt fue acusada de asesinato en primer grado, maltrato de un cadáver y manipulación de pruebas. Admitió haber matado a Jimmy Sheaffer, haber desmembrado su cadáver y haber manipulado pruebas, pero afirmó que todo fue en defensa propia. Era matar o morir. A pesar de sus afirmaciones de defensa propia, los investigadores descubrieron que había comprado envoltorios de plástico y guantes de goma en Walmart unas horas antes del asesinato.

———

El juicio por asesinato de Angela Stoldt comenzó en diciembre de 2014 y la testigo estrella de la acusación contra ella fue su propia hermana, April Leach. April declaró ante el tribunal que dos semanas después de que se denunciara la desaparición de Jimmy, Angela sufrió un colapso emocional y convocó una "reunión familiar". En casa de sus padres, dijo a April y a sus padres que había hecho "la cosa más deplorable del mundo".

Pero contó a su familia una historia distinta de la que contó a la policía. Afirmó que no hubo lucha entre Jimmy y ella. Dijo a su familia que había utilizado el relajante muscular para dormir a Jimmy y luego lo había estrangulado. Después le metió el picahielos en el ojo para asegurarse de que estaba muerto.

El abogado defensor de Angela argumentó que su confesión había sido adquirida tras ser ingresada en un centro de salud mental y que llevaba días sin dormir.

Angela subió al estrado y explicó que lo había matado en defensa propia, y que luego sólo lo descuartizó y se deshizo del cadáver por pánico. Admitió haber manipulado las pruebas y haber descuartizado el cadáver, pero se negó a admitir el asesinato.

Durante su testimonio, el jurado jadeó conmocionado cuando ella explicó que tuvo que quitar el picahielos del ojo de Jimmy para poder meter su cabeza en la olla para hervirla.

———

Angela Stoldt no reaccionó cuando, tras cuatro horas de deliberación, el jurado emitió su veredicto de culpabilidad por los tres cargos. Fue condenada a cadena perpetua obligatoria sin posibilidad de libertad condicional.

———

A día de hoy, Angela Stoldt insiste en que ha sido encarcelada injustamente por actuar en defensa propia. Mantiene indirectamente un blog en el que explica sus motivos para la anulación del juicio, su explicación de la defensa propia, y afirma que su hermana, que testificó contra ella, la había maltratado mental, física y sexualmente durante toda su vida.

# CAPÍTULO 9

# UN DICIEMBRE TRÁGICO

Había nieve en la previsión para Bristol ese viernes por la noche. Era el 17 de diciembre de 2010, y Joanna "Jo" Yeates, de veinticinco años, esperaba una Navidad blanca. Ella y su novio, Greg Reardon, acababan de mudarse a Bristol, al este de Inglaterra, el año anterior, cuando la empresa para la que ambos trabajaban se había trasladado allí. Una vez instalados en Bristol, Joanna aceptó un trabajo en Building Design Partnership como diseñadora paisajista, campo en el que había obtenido su título de posgrado.

Aquel viernes, después del trabajo, Greg y Joanna se encontraron en la estación de tren y se dieron un beso de despedida mientras Greg subía al tren de las cinco en dirección a Sheffield para visitar a su familia antes de las vacaciones. Joanna, mientras tanto, planeaba pasar un fin de semana sola en su tranquilo piso del sótano: Unidad 1, 44 Canynge Road. Iba a ser su primera noche a solas en el piso desde que se habían mudado.

Tras despedir a Greg, Joanna regresó a casa y se detuvo en el pub Bristol Ram a eso de las 6:00 para tomar unas copas con unos amigos del trabajo. El pub estaba lleno y el ambiente era festivo. Era una fiesta de Navidad improvisada. Joanna dio un sorbo a su cerveza mientras escuchaba a sus compañeros quejarse de sus jefes y todos hablaban de sus planes para las fiestas. Los planes de Joanna incluían un viaje a Hampshire para visitar a su familia y hacer pasteles de carne con su madre, como había hecho todas las Navidades desde que tenía memoria.

A las 8:00, Joanna se despidió de sus amigos e inició la caminata de un kilómetro y medio hacia casa. Por el camino, se detuvo en un supermercado Waitrose y buscó algo para cocinar para la cena, pero no encontró nada. Siguió andando y entró en una tienda de la esquina, donde compró dos botellas de sidra. Justo antes de llegar a casa, paró en un supermercado Tesco y compró una pizza de mozzarella, albahaca y tomate para cocinarla cuando llegara a casa.

————

Greg Reardon hizo todo lo posible por disfrutar del tiempo que pasaba con su familia en Sheffield, pero su mente estaba preocupada. Aquel viernes por la noche, cuando llegó a casa de sus padres y llamó a Joanna, ella no lo cogió. Vale, pensó. A lo mejor ya se ha dormido. Pero cuando ella no contestó a ninguno de sus mensajes ni llamadas en todo el sábado ni el domingo por la mañana, él empezó a preocuparse. ¿Le había dicho algo malo? ¿Le estaba evitando por alguna razón?

El domingo por la tarde, Greg hizo el largo viaje en tren desde Sheffield hasta Bristol y esperaba ver la cara sonriente de Joanna en la estación para saludarle, pero no estaba allí.

Ansioso por saber qué ocurría, Greg corrió a su piso y encontró la puerta abierta. Aunque ya era más de medianoche, las luces seguían encendidas, pero no había ni rastro de Joanna.

Una vez más, Greg la llamó al móvil, pero el pánico se apoderó de ella cuando sonó en el pasillo. El móvil estaba metido en el bolsillo de la chaqueta, colgado de un gancho cerca de la puerta. Entonces se fijó en las gafas, la cartera y las llaves. Todos seguían en el piso, pero ¿dónde estaba Joanna?

Los padres de Joanna se sobresaltaron al ser despertados por una llamada telefónica después de medianoche. La confusión se apoderó de ellos cuando el identificador de llamadas mostró que el novio de su hija llamaba a una hora tan tardía.

Cuando Greg explicó la situación a los padres de Joanna, le dijeron que llamara inmediatamente a la policía y que vendrían desde Hampshire lo antes posible.

———

Por la mañana, los padres de Joanna habían denunciado su desaparición y la policía de Bristol inició una búsqueda exhaustiva por la zona. El piso de Greg y Joanna lindaba con Clifton Downs, un gran parque con acantilados que descendían hasta el río Avon. Más allá del río estaba Leigh Woods, un enorme Bosque Nacional. Había una enorme cantidad de espacio que cubrir y, en pocos días, la búsqueda se convirtió en una de las mayores de la historia de Bristol.

Los detectives registraron el piso y no encontraron señales de lucha. No se había roto ninguna ventana ni ninguna puerta. No había nada. Lo único fuera de lo normal era un recibo de Tesco por una pizza, pero no había ninguna pizza ni ningún envoltorio en la basura.

Los amigos y la familia de Joanna hicieron todo lo que pudieron para ayudar en la búsqueda, colocando octavillas por toda la ciudad y rogando cualquier pista que ayudara a encontrarla. La nieve caía con más fuerza a medida que pasaban los días y sus padres recorrían las calles del barrio, asomándose por encima de las vallas e incluso golpeando los maleteros de los coches por si la habían atado y retenido dentro del maletero de alguien.

Enseguida, la policía interrogó a los vecinos y amigos que había visto aquella noche. Los amigos con los que Joanna se había reunido en el pub Bristol Ram dijeron que aquella noche estaba tan contenta como siempre. Nada parecía preocuparla y no notaron que nadie más que ellas hablara con ella aquella noche en absoluto.

Sin embargo, los vecinos de los pisos cercanos afirmaron haber oído gritos de mujer hacia las 9.30 de la noche de aquel viernes. Como nadie estaba muy seguro de dónde procedían los gritos, no llamaron a la policía.

La unidad de Greg y Joanna era un piso en el sótano de un edificio de cuatro plantas. Los vecinos de enfrente, la Unidad 2, eran Tanja Morson y Vincent Tabak. La pareja fue interrogada por los detectives y Tanja explicó que había estado fuera de la ciudad todo el fin de semana, pues había viajado a las afueras de Bristol para asistir a una fiesta de trabajo de Navidad. Vincent Tabak, sin embargo, contó que esa noche había salido a comprar comida, se había tomado una pizza y una cerveza en casa y había visto la televisión. Dijo que no vio ni oyó nada fuera de lo normal en todo el fin de semana.

El vecino de arriba, Christopher Jeffries, de sesenta y cinco años, dijo a los detectives que estuvo en casa toda la noche del viernes leyendo un libro y no oyó nada abajo. Jeffries era un profesor de inglés jubilado que no tenía televisión y prefería leer en su extensa colección de libros. Jeffries tenía el pelo largo y canoso y parecía un poco excéntrico. Sin embargo, lo que más interesaba a los detectives era el hecho de que era el casero del edificio. Como propietario, Jeffries tenía llaves de todas las viviendas.

———

Aunque en la búsqueda de Joanna Yeates participaron ochenta detectives y personal civil, la policía necesitaba desesperadamente la ayuda del público. Iniciaron campañas en Facebook y celebraron ruedas de prensa para hacer correr la voz. Se mostraron al público imágenes de Joanna grabadas por cámaras de seguridad en el pub Bristol Ram, en Waitrose y en Tesco. Aunque llegaron cientos de pistas, nada parecía ayudar.

Era Navidad y Joanna llevaba ocho días desaparecida. En las calles nevadas de Bristol había carteles con su cara y su descripción. Sus amigos y familiares estaban perdiendo la esperanza y la policía les dijo que se prepararan para lo peor. Fueron, sin duda, las vacaciones más sombrías para sus allegados.

La tarde de Navidad, una pareja que paseaba a su perro por Longwood Lane, en Fairland, observó un montículo cubierto de nieve a pocos metros de la carretera, junto a una valla. No le dieron importancia y siguieron paseando al perro. De vuelta, volvieron a mirar el montículo. Esta vez se fijaron en lo que parecían unos vaqueros azules que sobresalían de la nieve. Una mirada más atenta reveló el cuerpo de una mujer joven acurrucada de lado, congelada en la nieve.

Los investigadores llegaron y encontraron el cuerpo de Joanna Yeates. Estaba completamente vestida, salvo por un calcetín que le faltaba. La autopsia reveló que tenía cuarenta y tres cortes y magulladuras en el cuerpo y que le habían roto la nariz, ninguno de los cuales la había matado. La habían estrangulado manualmente hasta matarla. No había signos de agresión sexual, pero sí rastros de ADN de otra persona distinta de Joanna. Curiosamente, la autopsia mostró que no había señales de la pizza que había comprado en su estómago. Los investigadores determinaron que había muerto ese viernes por la noche, que la habían asesinado en otro lugar y que la habían tirado junto a la carretera poco después de su muerte.

———

La policía anunció que habían encontrado el cadáver de Joanna y volvió a pedir ayuda a los medios de comunicación. Celebraron una rueda de prensa en la que mostraron el calcetín que llevaba puesto y pidieron ayuda al público para encontrar el calcetín desaparecido. También mostraron la marca de la pizza que compró la noche que desapareció y pidieron ayuda para encontrar el envase desaparecido.

Con ayuda de los investigadores, el programa de televisión de la BBC Crimewatch filmó una recreación de los últimos movimientos conocidos de Joanna antes de ser asesinada. El programa ofrecía una recompensa de 10.000 £ por información que condujera a la detención de su asesino, y The Sun Newspapers ofrecía 50.000 £ más. Tras la emisión del programa, la policía recibió miles de llamadas.

---

A medida que pasaban los días desde el hallazgo de su cadáver, los detectives fueron investigando al casero de Joanna, Christopher Jeffries. Como no había señales de que hubieran forzado la entrada, los investigadores creían que Joanna había sido asesinada o bien por alguien a quien conocía y a quien había dejado entrar voluntariamente en su piso, o bien por alguien que tenía acceso al piso. Como casero, Jeffries habría tenido una llave del piso y podría haber entrado cuando quisiera.

Los detectives también se enteraron de que Jeffries había ayudado a Greg a trabajar en su coche ese mismo viernes, antes de irse a Sheffield. Sabía que Joanna estaría sola todo el fin de semana. El 30 de diciembre, detuvieron a Christopher Jeffries y lo llevaron para interrogarlo, mientras un equipo forense registraba su piso.

Los investigadores empaquetaron toda su colección de libros y varias cajas y bolsas grandes con sus pertenencias, y luego las llevaron para analizarlas mientras los equipos de noticias de la televisión filmaban el suceso.

A las tres horas de su detención, Vincent Tabak, el vecino que vivía enfrente de Joanna y Greg, llamó a los detectives. Él y su novia habían ido a Amsterdam para pasar el Año Nuevo. Tabak dijo a los investigadores que había visto la noticia de la detención de Jeffries y recordaba algo de aquella noche que podía ser de ayuda.

Tabak recordó que ese mismo viernes por la noche, el coche de Jeffries había estado aparcado en la entrada apuntando en una dirección. A la mañana siguiente, sin embargo, se dio cuenta de que lo habían aparcado en sentido contrario.

Los detectives querían saber más. En Nochevieja, dos detectives volaron a Ámsterdam para hablar con Tabak en persona y obtener una declaración completa. Se reunieron con Tabak en un hotel cercano al aeropuerto de Ámsterdam. Durante la entrevista, sin embargo, Tabak se mostró inseguro en algunos detalles e impreciso en otros. Una cosa, sin embargo, pareció especialmente sospechosa a los detectives: se interesó demasiado por las pruebas forenses y parecía preocupado por cómo avanzaba la investigación. Tras hablar con Tabak durante seis horas, los detectives le pidieron una muestra de ADN para eliminarle como sospechoso. Tabak protestó. Se mostró muy reacio a proporcionar su ADN, pero, tras convencerle un poco, accedió y los detectives recuperaron su ADN.

———

De vuelta en Bristol, Christopher Jeffries había sido retenido en la cárcel e interrogado durante setenta y dos horas antes de ser puesto en libertad bajo fianza. Aunque oficialmente no se le acusó de ningún delito, los periódicos sensacionalistas de todo el Reino Unido le siguieron incesantemente y le tacharon de "extraño personaje excéntrico", "mirón" y le pintaron como un bicho raro por ser aficionado a "películas de vanguardia oscuras y violentas".

Tras la emisión de la recreación de Crimewatch de la BBC, la policía recibió una llamada anónima de una mujer que lloraba conmovida por el espectáculo. No está claro qué información dio a la policía, pero pocas horas después de la llamada, a las 2 de la madrugada del 20 de enero, Vincent Tabak fue detenido.

Vincent Tabak fue interrogado durante noventa y seis horas, durante las cuales dijo muy poco. El 22 de enero fue acusado formalmente del asesinato de Joanna Yeates. Se denegó su solicitud de libertad bajo fianza.

———

Vincent Tabak era un holandés de treinta y dos años que había estado trabajando en el Reino Unido como ingeniero especializado en el movimiento de personas en espacios públicos. Su especialidad estaba muy solicitada. Había destacado en los estudios y se había doctorado. Era muy querido por sus amigos y compañeros, aunque muchos le describían como tímido e introvertido.

Los equipos forenses registraron su casa y descubrieron que veía regularmente pornografía sádica y violenta en Internet, sobre todo de mujeres asfixiadas durante el acto sexual. La había visto justo antes e inmediatamente después de la desaparición de Joanna. Tabak también recogió varias imágenes de una chica quitándose el top rosa. La chica de las imágenes tenía un parecido asombroso con Joanna Yeates. Cuando se encontró el cuerpo de Joanna, llevaba un top muy parecido al de la chica de las fotos.

Otros registros de su ordenador y de su teléfono móvil demostraron que a menudo contrataba a trabajadoras del sexo cuando viajaba por trabajo por el Reino Unido y Estados Unidos.

Vincent Tabak había buscado en Google street view en el lugar exacto de Longwood Lane donde se encontró el cadáver de Joanna unos días antes de que se encontrara allí su cuerpo. Se encontró sangre en el maletero de su coche que coincidía con la de Joanna y el ADN que se encontró en el cuerpo de Joanna coincidía con el suyo.

Aun así, Tabak insistió en que no tenía nada que ver con el asesinato de Joanna y afirmó que la policía había fabricado las pruebas contra él, incluido el ADN. Los periódicos de su ciudad natal, Holanda, le creyeron. Sus amigos, su familia y los medios de comunicación holandeses le apoyaron y recaudaron dinero para su defensa.

Los detectives analizaron los movimientos de Vincent Tabak la noche en que desapareció Joanna Yeates. Esa noche, mientras su novia estaba fuera, cruzó la ciudad en coche hasta un supermercado Asda. Las cámaras de seguridad le mostraron caminando por la tienda y saliendo sin comprar nada. Momentos después, volvió a entrar en la tienda y compró patatas fritas, cerveza y sal. Tras la compra, se detuvo cerca de la entrada de la tienda, donde sabía que las cámaras le estaban vigilando, y envió a su novia un mensaje de texto: "Estoy en Asda comprando patatas fritas. Es aburrido sin ti".

Para los detectives, era claramente un intento de darse una coartada. La tienda estaba muy lejos de su casa, por lo que tenía que conducir. Si hubiera querido comprar cerveza, patatas fritas y sal, podría haber ido andando a la tienda de la esquina, cerca de su casa.

Tres semanas después de su detención, Vincent Tabak confesó a un capellán de la prisión que había matado a Joanna, pero afirmó que había sido un accidente. Más tarde se declaró culpable, pero sólo de un cargo de homicidio involuntario. Sin embargo, los fiscales no quedaron satisfechos y no aceptaron una condena por homicidio involuntario. Había muchas pruebas contra él e insistieron en juzgarlo por asesinato. Los investigadores forenses descubrieron también que había estado utilizando su ordenador para hacer búsquedas sobre la diferencia entre asesinato y homicidio involuntario.

———

Durante su juicio, no se permitió al tribunal escuchar ninguna prueba relativa a sus hábitos desviados de navegación por la pornografía ni a su contratación de acompañantes. El juez no creía que eso demostrara que el asesinato fuera premeditado, por lo que no se permitió. Su defensa se aprovechó de ello e intentó presentar a Tabak como un ingenuo sexual.

Tabak subió al estrado en su propia defensa y afirmó que la muerte de Joanna Yeates fue accidental. Dijo que pasó junto a la ventana de su cocina mientras ella preparaba la cena y que ella le saludó con la mano. Cuando él le devolvió el saludo, ella le invitó a entrar.

Tabak explicó que Joanna y él charlaron en la cocina durante diez o quince minutos y que él interpretó las acciones de ella como coqueteo. Sin embargo, cuando fue a besarla, ella gritó y su primera reacción fue taparle la boca. Cuando retiró la mano, afirmó que ella volvió a gritar. Tabak explicó que se asustó al oír sus gritos, le puso las manos en la garganta y la estranguló accidentalmente hasta matarla.

Durante los trece días que duró el juicio, Vincent Tabak no respondió a ochenta de las preguntas que le hizo la acusación. El 28 de octubre de 2011, tras catorce horas de deliberación, el jurado lo declaró culpable de asesinato. Vincent Tabak fue condenado a cadena perpetua con una pena mínima de veinte años de prisión.

———

A pesar del veredicto de culpabilidad de Vincent Tabak y de que se retiraron los cargos contra Christopher Jeffries, éste siguió siendo vilipendiado por la prensa sensacionalista. Como consecuencia, contrató a un bufete de abogados y demandó a ocho periódicos por difamación. Jeffries recibió importantes indemnizaciones por daños y perjuicios de The Sun, The Daily Mirror, The Sunday Mirror, The Daily Record, The Daily Mail, The Daily Express, The Daily Star y The Scotsman. Además, por publicar información que podría haber perjudicado el juicio, The Daily Mirror y The Sun fueron declarados culpables de desacato al tribunal.

# CAPÍTULO 10
# EL CONDE

Los clubes nocturnos de Sunset Boulevard, en Hollywood Oeste, son famosos por haber lanzado las carreras de innumerables leyendas del rock. Clubes como Whisky a Go Go, The Roxy Theatre, Rainbow Bar and Grill y Troubadour han acogido a grupos musicales durante décadas. Algunos llevan funcionando desde finales de los años 50. Incluso hoy en día, Sunset Strip está abarrotado de jóvenes angelinos que se divierten o esperan vislumbrar a algún famoso cada fin de semana por la noche.

El sábado 12 de enero de 1985, Lisa Mather se puso la falda negra sobre las mallas de lycra moradas y se abrochó los zapatos de tacón negros con tachuelas plateadas para salir con sus amigas por Sunset Strip. Lisa dejó una nota a su madre diciéndole que iba a pasar el rato junto a Whisky a Go Go y que saldría hasta tarde, pero que no se preocupara. Aunque aún no tenían edad para entrar en los clubes, Lisa, Aimee y Anthony iban a pasar la noche de sus vidas paseando por el Strip.

Lisa y sus amigos pasaron la noche yendo de club en club y reuniéndose con amigos fuera del Rainbow y el Whisky. Junto con los otros menores que no podían entrar en los clubes, se limitaron a escuchar la música que salía de los clubes y a bailar y beber en la obra abandonada de al lado. Pero cuando apareció la policía para disolver la fiesta de menores, los chicos se dispersaron. Mientras huían de la obra, Aimee y Anthony perdieron de vista a Lisa.

Durante las horas siguientes, Aimee y Anthony recorrieron Sunset Strip de arriba abajo, comprobando todos los clubes habituales, pero no pudieron encontrar a Lisa. La última vez que recordaban haberla visto, estaba hablando con un chico alto, delgado, mayor que ella, vestido todo de negro, con el pelo pulverizado y peinado hacia atrás a lo "rockero". La descripción encajaba prácticamente con todos los hombres del Strip.

Cuando el rojo y brumoso amanecer se abatió sobre Los Ángeles, Aimee y Anthony habían perdido la esperanza de encontrar a su amiga. Había llegado el momento de llamar a la madre de Lisa y hacerle saber que no podían encontrarla.

La madre de Lisa esperó pacientemente a que su hija volviera a casa. Aunque no era propio de ella quedarse así fuera, tenía dieciocho años y podía hacer lo que quisiera. Pero a principios de la semana siguiente, como seguía sin volver a casa ni llamar, Betty Mather llamó a la policía para denunciar la desaparición de su hija.

Lisa Ann Mather acababa de graduarse en el instituto de Van Nuys y asistía a una escuela de belleza cuando desapareció. Aunque al principio la policía sospechó que simplemente se había escapado con un chico durante unos días, Betty Mather sabía que era algo más que eso. Algo iba mal. A pesar del escaso esfuerzo de la policía, los amigos y familiares de

Lisa colocaron octavillas por todo Hollywood Oeste, concretamente cerca de los clubes de Sunset Boulevard.

Finalmente, la policía empezó a tomarse el caso más en serio e inició su investigación. La hermana de Lisa, Rosalyn, contó a la policía un incidente que había ocurrido unas semanas antes de que Lisa desapareciera.

Mientras ella, Lisa y Aimee paseaban por Sunset Strip, un joven las invitó a una fiesta en una casa de Hollywood Hills. Aunque no conocían al hombre, aceptaron la invitación con la esperanza de conocer a famosos.

Mientras el hombre los conducía erráticamente por Mulholland Drive hacia la fiesta, Rosalyn le pidió que redujera la velocidad. Él le respondió bruscamente: "Escucha, puta. Será mejor que cierres la puta boca o te haré ir por la calle como una puta".

Cuando llegaron a una casa en las colinas, el hombre dijo a las chicas que esperaran en el coche mientras él entraba en la casa.

Cuando salió, dijo a las dos chicas más jóvenes que podían quedarse, pero se llevó a Rosalyn colina abajo hasta Sunset Strip y la dejó en una esquina. Asustada de que él y quienquiera que estuviera en la casa hubieran secuestrado a Aimee y Lisa, Rosalyn llamó a la policía.

En aquel momento, la policía determinó que las dos chicas estaban a salvo y que no ocurría nada ilegal. Pero semanas después, ahora que Lisa había desaparecido, Rosalyn creía que la gente de aquella casa podía haber tenido algo que ver con su desaparición.

Rosalyn convenció a los detectives para que volvieran a la casa a interrogar a los residentes, pero de nuevo no encontraron nada malo y no había rastro de Lisa.

Una semana después, la policía recibió una denuncia anónima de alguien que afirmaba que una joven que coincidía con la descripción de Lisa estaba retenida contra su voluntad en la habitación de un hotel de Las Vegas y estaba siendo obligada a prostituirse. La persona que llamó sabía en qué hotel y número de habitación encontrar a la chica. La policía de Los Ángeles colaboró con la de Las Vegas para investigar la pista. Aunque encontraron a una joven, no era Lisa: había sido una fugitiva de quince años de Wyoming.

Un mes después de la desaparición de Lisa, Betty Mather recibió una llamada telefónica de un hombre que pedía hablar con Lisa. La llamada la sobresaltó. ¿Era un hombre que no sabía que Lisa había desaparecido? ¿O era un lunático que se burlaba de ella?

La persona que llamó explicó que le habían robado la furgoneta mientras estaba aparcada cerca de Sunset Strip hacía un mes, más o menos cuando Lisa había desaparecido. Varias semanas después, recuperó la furgoneta robada y encontró dentro una caja de cerillas. En la solapa de la caja de cerillas estaba el nombre y el número de teléfono de Lisa. El hombre intentaba averiguar quién le había robado la furgoneta.

La policía consideró brevemente sospechoso al hombre. Los investigadores examinaron la furgoneta y no encontraron rastros de sangre ni indicios de que Lisa hubiera estado en ella, aparte de la caja de cerillas. El hombre había denunciado el robo de su furgoneta y tenía una coartada sólida para la noche en que Lisa desapareció. Aunque ya no sospechaban del propietario de la furgoneta, la policía formuló la hipótesis de que quienquiera que la hubiera robado podría haberla utilizado para secuestrar a Lisa.

La madre de Lisa comprobó que la letra del interior coincidía con la de Lisa. El logotipo de la portada de la caja de cerillas mostraba el nombre de un restaurante de Marina Del Rey, a más de diez millas del Sunset Strip, pero los empleados del restaurante no reconocieron las fotos de Lisa.

———

Lisa llevaba siete meses desaparecida cuando fue capturado el famoso Acechador Nocturno, Richard Ramírez. Ramírez se enfrentaba a trece cargos de asesinato y, durante un breve periodo, se pensó que era sospechoso de la desaparición de Lisa Mather. Ramírez, sin embargo, tenía un modus operandi completamente distinto: aterrorizaba y asesinaba a personas en sus propias casas. No secuestraba a chicas jóvenes en la calle.

———

Casi dos años después de su desaparición, el 3 de diciembre de 1986, Paul Yettaw estaba de excursión por los bosques de Coldwater Canyon, justo al norte de Mulholland Drive y unos kilómetros por encima de Sunset Boulevard, cuando descubrió un cráneo humano, una columna vertebral y huesos de una pierna cubiertos ligeramente de ramas y tierra. Una cuerda se retorcía a través del esqueleto y estaba atada a la base de un árbol en una pendiente pronunciada. Un par de esposas oxidadas colgaban de la rama de un árbol situado más arriba.

Cuando llegaron los investigadores, recuperaron más huesos que se habían deslizado por la colina o habían sido movidos por animales. La escápula, u omóplato, tenía indicios de una herida punzante. Aunque no pudieron determinar la causa de la muerte, sabían que se trataba del cadáver de una mujer de entre dieciséis y veintitrés años.

Los bucles de la cuerda atada al árbol indicaban que le habían atado las piernas y los brazos y que estaba tendida en el suelo. Se encontraron clavos de tienda cerca, lo que indicaba que había habido un campamento. Se encontraron varias prendas de vestir de mujer a varios metros del esqueleto, lo que indicaba que la chica había estado desnuda mientras estaba atada al árbol.

Utilizando registros dentales, los investigadores confirmaron que se trataba del cadáver de Lisa Ann Mather.

———

A pesar de la falta de pruebas físicas en el lugar de los hechos, la policía creía saber quién había matado a Lisa Mather, y ya estaba en la cárcel. Sólo dieciséis días después de la desaparición de Lisa, Edmund Arne Matthews había sido detenido por dos violaciones. Ambas violaciones habían ocurrido el año anterior en el mismo camping donde se encontró el cadáver de Lisa. Cuando Anthony, el amigo de Lisa, apareció en una rueda de reconocimiento, identificó a Matthews como el hombre con el que Lisa había estado hablando la noche en que desapareció.

———

Edmund Arne Matthews tenía veintiocho años y vivía en una tienda de campaña cuando Lisa desapareció. Frecuentaba Sunset Strip y era conocido por deambular de bar en bar con una larga capa negra, hacerse pasar por vampiro y hacerse

llamar "El Conde". A menudo contaba a chicas jóvenes y
crédulas que había sido batería de Ted Nugent y afirmaba
compartir apartamento con Nancy Sinatra. Matthews
hablaba regularmente de su obsesión por el satanismo, los
arcángeles y su personalidad de "Dr. Jekyll y Mr. Hyde".

El 13 de octubre de 1984, sólo tres meses antes del asesinato,
Matthews atrajo a una chica de veinte años llamada Daniella
desde Sunset Strip a una fiesta en Hollywood Hills. No hubo
fiesta. Matthews la llevó a su campamento en la ladera, la
esposó, le arrancó la ropa, le puso cadenas en los tobillos y la
violó durante horas antes de dejarla en libertad.

Dos meses después, Matthews sacó a otra joven llamada
Janet del bar y asador Rainbow. Cuando la acercó a su
camping, la tiró al suelo y la asfixió. La joven, aterrorizada, se
orinó de miedo. Matthews la ató con su bufanda y sus
propios cordones de zapatos. Le arrancó la ropa y le contó su
fantasía de atar a una chica y tenerla en su campamento
como esclava sexual. Luego le puso un machete en la cara y le
dijo que pensaba matarla. En lugar de eso, la violó cuatro
veces aquella noche antes de liberarla.

———

Edmund Matthews fue detenido por las violaciones dieciséis
días después de que Lisa Mather desapareciera mientras
llevaba una pala y una linterna de su campamento. El caso de
Lisa, sin embargo, era sólo el de una persona desaparecida en
aquel momento y la policía no tenía forma de relacionarlo
con su asesinato.

———

Cuando los detectives visitaron a Matthews en la cárcel para interrogarle sobre el asesinato de Lisa Mather, dijo que no reconocía el nombre. Sin embargo, cuando le mostraron su foto, volvió la cabeza avergonzado. Dijo al detective que había bebido demasiado la noche que conoció a Lisa y que apenas recordaba nada. Afirmó que seguía teniendo "desmayos giratorios", pero recordaba haber bajado la colina aquella noche pensando que podía haber matado a alguien con una cuerda.

Matthews dijo que aquella noche se quedó en casa de un amigo. A la mañana siguiente, subió la colina hasta su campamento y vio a la chica muerta, atada por el cuello al árbol. Afirmó que ni siquiera recordaba cómo la había atado. Cubrió su cuerpo con trozos de arbustos y volvió a bajar la colina.

Matthews dijo a los investigadores que tres días después pidió prestada una pala y volvió al lugar con la intención de enterrarla. Sin embargo, no pudo desatar la cuerda. En lugar de eso, se limitó a cubrir el cuerpo con más trozos de arbustos, hojas y tierra. Mientras bajaba la colina, fue detenido por las dos violaciones anteriores. Los agentes que lo detuvieron no tenían ni idea de que el cadáver de Lisa estaba atado a un árbol a sólo unos cientos de metros.

———

Un mes después, Edmund Matthews escribió una declaración para los detectives en la que detallaba los hechos de la noche tal como los recordaba. Quería declararse culpable y evitar la pena de muerte. Matthews explicó que conoció a Lisa en Whiskey a Go Go y cruzaron la calle para tomar unas copas. Más tarde tomaron un taxi hasta la Harvard Middle School, justo colina arriba, donde él conocía una forma de saltar la valla e ir a nadar a su piscina. Afirmó que tuvieron relaciones sexuales consentidas contra la escalera del trampolín. Fue entonces cuando la invitó a su camping, que estaba a poca distancia de la escuela.

Una vez en el camping, Matthews afirmó que volvieron a mantener relaciones sexuales consentidas. Esta vez, ella accedió a que la atara a un árbol. Enrolló la cuerda alrededor del árbol y alrededor de su cuello, y luego volvió a su tienda a buscar una linterna. Mientras buscaba la linterna, dijo que la oyó chillar. Cuando volvió corriendo al árbol, ella estaba de espaldas. Se había resbalado y se estaba ahogando. Dijo que había llovido recientemente y que el suelo alrededor de su campamento estaba resbaladizo. Afirmó que se había resbalado con la cuerda alrededor del cuello y que se estaba asfixiando.

Matthews escribió que le entró el pánico. Corrió hacia ella e intentó desatarla, pero no pudo. Mientras intentaba desatarla, ella dejó de respirar. Comprobó si tenía pulso y no lo tenía. Cuando se dio cuenta de que estaba muerta, le entró el pánico. Dijo que volvió corriendo colina abajo y pasó la noche en casa de un amigo.

Sin embargo, la historia de Matthews no coincidía con la forma en que habían colocado el cuerpo. La cuerda estaba fuertemente atada a la base del árbol. No estaba de pie. No había forma de que se hubiera caído y asfixiado accidentalmente. Su historia tampoco coincidía con el testimonio de sus dos víctimas de violación anteriores. Fueron llevadas a su campamento sin querer y nunca le habrían seguido al bosque. La familia de Lisa sabía que ella tampoco le habría seguido voluntariamente.

Matthews escribió en la carta que tenía tendencias suicidas, estaba deprimido y cansado. El juicio de Edmund Arne

Matthews se retrasó casi dos años, ya que su equipo de defensa argumentó que las relaciones sexuales fueron consentidas y no una violación. Un caso de asesinato en primer grado con violación obligaba a los fiscales a solicitar la pena de muerte. Si se retiraba el cargo de violación, sólo sería condenado a cadena perpetua en caso de ser declarado culpable. Sin embargo, se denegaron las peticiones de que se retirara el cargo de violación.

———

El juicio comenzó en enero de 1991. Durante treinta y ocho días, Matthews afirmó que la muerte de Lisa Mather había sido sólo una serie de desafortunados accidentes. Sin embargo, sus dos anteriores víctimas de violación testificaron sobre los horrores de sus calvarios con Matthews.

El 14 de febrero de 1991, Edmund Matthews fue declarado culpable de asesinato en primer grado, incluidas circunstancias especiales. Aunque podía optar a la pena de muerte, fue condenado a cadena perpetua sin libertad condicional.

La madre de Edmund Matthew se acercó a la madre de Lisa, le dio el pésame y la abrazó. Le preguntó: "¿Puedes, por favor, encontrar en tu corazón la forma de perdonarle?".

Betty Mather le devolvió el abrazo y replicó: "Mi corazón está contigo, pero no puedo perdonarle. Puedes ver a tu hijo todos los días. Yo no volveré a ver a mi hija".

Tras el juicio, Betty Mather expresó su decepción por la condena a cadena perpetua, y declaró a Los Angeles Times: "Creo que deberían haberlo matado por la forma en que mató a mi hija. Nunca volveré a tener a mi hija. Su madre puede seguir visitándolo, pero yo no tengo a mi hija. Creo que nuestro sistema es el peor".

# CAPÍTULO 11
# ANGELICAL

Karlie Pearce-Stevenson había pasado toda su vida en Alice Springs, en el Territorio del Norte de Australia. La pequeña ciudad es extremadamente remota y se encuentra en el punto muerto del continente, en lo que se conoce como el Centro Rojo, el desierto interior del país. Alice Springs es el punto intermedio entre las grandes ciudades de Darwin, al norte, y Adelaida, al sur, ambas a más de quince horas en coche a través de vastas extensiones de árido desierto rojo.

Karlie disfrutaba de la vida en Alice Springs, pero la veinteañera anhelaba una ciudad más grande con más oportunidades donde poder criar a su hija de dos años, Khandalyce.

La madre, la familia y los amigos de Karlie se entristecieron al verla marchar, pero sabían que era lo que ella quería hacer. Sin embargo, se mostraban escépticos respecto a con quién había elegido irse de la ciudad. El nuevo novio de Karlie, Daniel Holdom, era quince años mayor que Karlie y su familia realmente no sabía mucho de aquel hombre. Pero Karlie estaba decidida. A mediados de 2008, sin largas despedidas, Karlie, Khandalyce y Holdom abandonaron la pequeña ciudad para buscar una nueva vida.

————

Al principio, Karlie llamaba y enviaba mensajes de texto a sus amigos y familiares con regularidad, expresando a menudo su pesar por haber abandonado la pequeña ciudad. Pero en el verano de 2009, las comunicaciones de Karlie cesaron misteriosamente. De repente, todas las llamadas o mensajes de texto quedaron sin respuesta y, tras varios meses sin saber nada de su hija, la madre de Karlie, Colleen Povey, llamó a la policía. El 4 de septiembre, presentó una denuncia por desaparición ante la Policía del Territorio del Norte.

Karlie era adulta y podía hacer lo que quisiera, pero la policía se tomó en serio la investigación e hizo todo lo posible por localizar a Karlie y Khandalyce. Los investigadores comprobaron los registros bancarios de Karlie y pudieron ver que la cuenta seguía activa y se utilizaba con regularidad. Nada parecía fuera de lo normal. También comprobaron que se seguían cobrando sus prestaciones sociales, emitidas por Centrelink.

También había constancia de que la policía la había parado por exceso de velocidad en la autopista Stuart, al norte de Adelaida, en noviembre de 2008, pero había pasado casi un año desde entonces.

Aún así, buscando más pruebas de vida, los detectives se pusieron en contacto con la persona que fue vista por última vez con Karlie y Khandalyce: Daniel Holdom. Los investigadores localizaron y llamaron a Holdom, quien les aseguró que Karlie estaba muy viva y bien. Le pasó el teléfono a

Karlie, que habló con los investigadores y les aseguró: "Estoy bien. Sólo que ya no quiero hablar con mi familia".

Con esto, los investigadores quedaron convencidos de que Karlie estaba viva, pero que sólo necesitaba intimidad. Transmitieron la noticia a su madre. Colleen estaba triste y confusa porque su hija ya no quería hablar con su familia ni con sus amigos, pero al mismo tiempo se sentía aliviada de que Karlie y Khandalyce estuvieran vivas. Sin embargo, lo que ninguno de ellos sabía era que la mujer que había hablado con los investigadores no era Karlie.

———

En agosto de 2010, dos jóvenes que circulaban en motos de cross por los matorrales del bosque estatal de Belangelo, a casi 1.800 millas de Alice Springs, cerca de Sydney, se toparon con un espantoso descubrimiento: huesos humanos que formaban un esqueleto femenino entero. Cerca, los investigadores encontraron piezas de joyería, un calcetín y una camiseta estampada con la palabra "Angelic" escrita.

Al principio se especuló con la posibilidad de que el cadáver fuera una víctima de Ivan Milat, el asesino en serie que había asesinado a mujeres jóvenes en toda Australia de 1989 a 1993. Sin embargo, el examen forense del esqueleto determinó que este asesinato era mucho más reciente y que muy probablemente había tenido lugar en los últimos dos años.

Utilizando la estructura del cráneo, los antropólogos forenses pudieron elaborar un dibujo composite del posible aspecto de la víctima. Lo hicieron público junto con fotos de la camiseta. Sin embargo, las pruebas no parecían coincidir con ningún informe activo de persona desaparecida. Nadie dijo que la chica le resultara familiar. Sin pistas, el caso se enfrió. Durante los cinco años siguientes, la policía y los medios de comunicación se refirieron a la misteriosa chica como "Ángel".

———

Habían pasado varios años desde que alguien había tenido contacto con Karlie Pearce-Stevenson cuando, de repente, su madre recibió un mensaje de texto. El mensaje procedía del móvil de Karlie y Colleen no tenía motivos para creer que no fuera ella. Karlie quería que su madre supiera que estaba bien, pero ella y Khandalyce necesitaban dinero. Colleen estaba ansiosa por ayudar a su hija y le envió rápidamente 500 dólares. La misma petición llegó varias veces más a lo largo del año siguiente y cada vez le enviaba más dinero.

Colleen Povey padecía cáncer de mama y suplicaba a su hija que volviera a casa para visitarla. Cada vez Karlie le prometía que volvería a casa. Por desgracia, Colleen murió en 2012 sin llegar a conocer el verdadero destino de su hija y su nieta.

———

El 14 de julio de 2015, cinco años después de que se encontrara el esqueleto en el bosque estatal de Belangelo, un hombre que viajaba por una carretera remota al este de Adelaida descubrió una maleta abandonada junto a la carretera. Cuando se detuvo para mirarla más de cerca, encontró dentro una pequeña colcha y ropa de niño pequeño. Cerca, más lejos del arcén y detrás de un árbol, encontró más ropa de niño: un vestido rosa, un abrigo con ribetes de piel, un diminuto tutú negro y una diminuta camiseta de Dora la Exploradora. Cuando el hombre miró más de cerca la ropa que había dentro de la maleta, se llevó el susto de su vida.

Asomando por la tela había una mandíbula. Cuando hurgó más en la ropa, encontró un diminuto esqueleto humano tumbado en posición fetal.

Por el tamaño de los huesos, los investigadores determinaron que la víctima era mujer y tenía aproximadamente entre dos y cuatro años. Era imposible creer que una niña de esa edad hubiera desaparecido sin que nadie se diera cuenta, pero la diminuta niña no coincidía con ningún informe de persona desaparecida.

Habían pasado cinco años desde que se encontró el cadáver en el bosque estatal de Belangelo. El niño de la maleta se encontró a 680 millas del primer cadáver, en un estado distinto. No era de extrañar que las fuerzas del orden no hubieran relacionado los dos casos.

Las autoridades no quisieron dar a conocer la causa oficial de la muerte de la niña, y optaron por limitarse a decir a los medios de comunicación que la niña encontrada en la maleta había muerto de "muerte violenta en circunstancias terribles."

Una vez más, los investigadores se pusieron en contacto con el público para que les ayudara a identificar a la chica. Las únicas pistas de que disponían eran la maleta de la marca Lanza y la ropa encontrada en su interior. Las marcas de la ropa eran en su mayoría de producción en serie y se vendían en tiendas Kmart de toda Australia. Sin embargo, un artículo de la maleta -la pequeña colcha- parecía hecho a mano.

La policía de Australia Meridional celebró una rueda de prensa televisada en la que vistió a un maniquí diminuto con ropa idéntica a la encontrada en la maleta y mostró la misma marca de maleta en la que se encontró el cadáver. También publicaron fotos de cada prenda de ropa y de la colcha hecha a mano, y luego habilitaron una línea telefónica para recibir pistas. La muerte del niño fue desgarradora y la noticia llegó a toda Australia.

Inmediatamente llovieron los chivatazos de la cercana y pequeña ciudad de Wynarka. Aunque el pueblo sólo tenía setenta y cinco habitantes, quince de ellos llamaron para decir que habían visto a un hombre caucásico de unos sesenta años llevando una maleta similar por el pueblo tres meses antes, a finales de abril.

A lo largo de agosto y septiembre se recibieron más de 1.000 llamadas en la línea directa de Crime Stoppers, pero hasta octubre la policía no recibió la primera pista útil. Una mujer de Adelaida, a más de ochenta kilómetros de donde se encontró el cadáver, reconoció el vestido rosa que se había encontrado en la maleta. Por increíble que parezca, la mujer se había encontrado con Karlie y Khandalyce en un centro comercial de Adelaida y había hecho una foto a Khandalyce con un vestido rosa idéntico. Sin embargo, el encuentro había tenido lugar siete años antes, en noviembre de 2008.

Tanya Weber había sido amiga de Karlie en Alice Springs y se había enterado de que habían encontrado el cadáver de la niña. Temiéndose lo peor, rebuscó en cajas de fotos antiguas hasta que encontró una foto de Khandalyce en su cochecito. En la foto, detrás de la cabeza de Khandalyce, estaba la misma colcha hecha a mano que había visto en las noticias.

Cuando nació Khandalyce, se le había practicado un pinchazo neonatal en el talón para tomar una muestra de sangre. Se comparó el ADN de los restos óseos con la sangre extraída durante el pinchazo en el talón y resultó coincidente. El cadáver de la maleta fue identificado positivamente como Khandalyce.

Una búsqueda nacional de ADN con el ADN de Khandalyce coincidió con los restos de su madre. Karlie Pearce-Stevenson fue identificada positivamente como el cadáver hallado en el Bosque Estatal de Belangelo.

———

Los detectives sabían ahora que Karlie y Khandalyce habían sido asesinadas y lo más probable era que ya estuvieran muertas cuando se denunció su desaparición por primera vez, seis años antes. Sin embargo, quedaban dos preguntas: ¿quién las mató y con quién habían hablado los detectives por teléfono, años antes, que había afirmado ser Karlie?

Los detectives empezaron su investigación intentando seguir los pasos de Karlie desde que salió de Alice Springs. Sabían que había conducido de un extremo a otro del continente y que tuvo que haberse alojado en moteles o campings por el camino. Los investigadores se pusieron en contacto con campings, propietarios u operadores de moteles que pudieran recordar a la joven viajando con su hija y un hombre mayor, pero ninguno se puso en contacto.

También necesitaban hablar con el hombre con el que Karlie se había marchado de Alice Springs, Daniel Holdom. Holdom, de 41 años, era el sospechoso obvio y no fue difícil encontrarlo. Fue una ominosa premonición de lo que se avecinaba cuando los detectives descubrieron que ya estaba en la cárcel por agredir sexualmente a una joven en un camping. Sin embargo, tener a Holdom bajo custodia dio tiempo a los investigadores para investigar a fondo sus antecedentes.

Daniel Holdom tenía un largo historial de drogadicción y malos tratos a mujeres y niños. En su historial constaba que había agredido sexualmente a una niña de ocho años y había intentado estrangular a una mujer. También fue acusado de acosar a otra.

Se emitieron órdenes de registro para varias casas de Australia, donde Holdom había vivido a lo largo de los años. Los investigadores no tardaron en saber que tenían al asesino.

En uno de sus domicilios, donde vivía en Canberra, encontraron un diario escrito de puño y letra de Holdom en el que fantaseaba con abusar sexualmente de niños. En el diario, utilizaba nombres y edades de niños concretos mientras detallaba sus deseos sádicos. Palabras como "violar" y "forzar" aparecían por todas partes. Sus huellas dactilares estaban por todo el diario.

La policía también supo que, sólo unos meses antes de que Daniel Holdom conociera a Karlie, estuvo implicado en un accidente de coche mortal. Holdom conducía por el desierto interior del centro de Australia con su entonces novia, Hazel Passmore, y sus dos hijos pequeños. Al dar un volantazo para esquivar a un canguro en la carretera, el todoterreno dio varias vueltas de campana.

En el accidente murieron sus dos hijos, Ryan, de siete años, y Willow, de nueve. Hazel Passmore perdió una pierna por encima de la rodilla y quedó postrada en una silla de ruedas el resto de su vida. Holdom salió ileso. Tras el incidente, Passmore demandó a Holdom por negligencia, solicitando una indemnización no especificada por sus pérdidas. Mientras Hazel Passmore pasaba meses en el hospital y en rehabilitación, Holdom inició su relación con Karlie.

Sin embargo, los detectives no tardaron en enterarse de que, justo después de la desaparición de Karlie y Khandalyce, Holdom y Passmore se habían reconciliado.

Los investigadores presentaron una orden de registro en el domicilio de Hazel Passmore y la interrogaron. Durante su entrevista inicial, dio muy pocos detalles de su relación con Daniel Holdom y negó cualquier implicación en los asesinatos. Sin embargo, Passmore había subido a su perfil de Facebook fotos de una exposición de coches clásicos. En las fotos se veía a Khandalyce Pearce-Stevenson paseando entre los coches. Sin embargo, las fotos se tomaron en Alice Springs, justo antes de que Karlie y Khandalyce abandonaran la ciudad.

Cuando fue interrogada por segunda vez por los investigadores, Passmore contrató a un abogado. Ella y su abogado llegaron a un acuerdo con los fiscales. Ella les contaría lo que sabía en una "declaración inducida", lo que significaba que no podría ser procesada por ninguna implicación en el caso.

Sabiendo que era inmune a la acusación, Hazel Passmore dijo a la policía que Daniel Holdom le había confesado que había matado a Karlie y Khandalyce. Al principio no le creyó y pensó que estaba bromeando, por lo que no denunció los asesinatos a la policía. Passmore también admitió que ella era la mujer que habló con los investigadores y afirmó ser Karlie. Había sido ella quien había accedido a las cuentas bancarias de Karlie e incluso había entrado en las oficinas de Centrelink en su silla de ruedas, haciéndose pasar por Karlie. A lo largo de los años, la pareja había retirado casi 100.000 dólares de las cuentas de Karlie.

Passmore explicó que no tenía ni idea de que Karlie y Khandalyce estaban muertas; pensaba que Holdom y ella simplemente tenían una aventura a espaldas de Karlie. No fue hasta que descubrió la tarjeta de Medicaid de Karlie y el certificado de nacimiento de Khandalyce cuando se dio cuenta de lo que había hecho y se enfrentó a él por ello.

"Estaba gritando y chillando: '¡¿Qué coño es esta mierda?! Me estaba volviendo loco y me metió dentro, literalmente por el pescuezo.

Tiró la silla y empezó a zarandearme y decía: 'Ha desaparecido, se ha ido, se ha ido'. Y yo: '¿Qué quieres decir con que ha desaparecido? Y él: 'Está muerta, está muerta'".

Passmore también proporcionó información reveladora sobre las preferencias sexuales de Holdom. Dijo que él había mostrado interés por los sitios web de abusos a menores y zoofilia, y que a menudo le pedía que le contara sus propios abusos a menores. También le gustaba escribir sus propias historias de violaciones.

Hazel Passmore había dado una tarjeta SD a su hermana años antes y le había dicho: "Si me pasa algo, tienes que dar esto a la policía". Cuando la policía registró la tarjeta SD, encontró fotos del bosque estatal de Belangelo que Hazel había copiado del ordenador de Daniel Holdom.

Las horribles fotos mostraban a Karlie Pearce-Stevenson en el momento de su muerte, mostrando claramente la camiseta "Angelic" que llevaba puesta. Algunas de las fotos también mostraban el brazo de Daniel Holdom en la periferia, situándolo en la escena del crimen. Las fotos mostraban que Holdom había abusado sexualmente de Karlie utilizando una botella antes de su muerte. Finalmente la mató pisándole la garganta, aplastándole la tráquea. Holdom había hecho fotos mientras violaba y asesinaba a Karlie y las había guardado en su ordenador como trofeos.

Antes de asesinar a Karlie, Holdom había dejado a Khandalyce con sus familiares. Después, la recogió y dijo a sus parientes que iba a llevar a la niña a casa de su abuela. En lugar de eso, condujo cuatro horas hacia el oeste, hasta la pequeña ciudad de Narrandera, donde compró cinta adhesiva y trapos de cocina en un supermercado durante el trayecto.

La policía recuperó un recibo de motel en el que había firmado como un adulto y un niño. Los detectives creen que le metió paños de cocina en la boca y le tapó la boca con cinta adhesiva antes de violar y asfixiar a Khandalyce en el motel Narrandera. Luego metió su pequeño cuerpo en la maleta y condujo otras ocho horas hacia el oeste, hacia la casa de Hazel Passmore.

Antes de llegar a su destino, Holdom tiró la maleta a un lado de la carretera, cerca de la remota ciudad de Wynarka, donde permaneció intacta durante más de cinco años.

Los registros del teléfono móvil de Daniel Holdom habían mostrado su ubicación durante todo el trayecto, situándolo en el bosque estatal de Belangelo en el momento de la muerte de Karlie y siguiendo hasta el lugar exacto donde arrojó la maleta en Wynarka. Fue acusado oficialmente de los asesinatos de Karlie y Khandalyce Pearce-Stevenson el 15 de diciembre de 2015.

En un principio, Holdom se declaró culpable de los dos asesinatos, pero en el último momento intentó retractarse de su declaración de culpabilidad del asesinato de Khandalyce. Sin embargo, el juez denegó su retractación y el 30 de noviembre de 2018 Daniel Holdom fue condenado a dos cadenas perpetuas consecutivas sin posibilidad de libertad condicional.

Hazel Passmore recibió finalmente un acuerdo de 1.000.000 de dólares en su demanda contra Holdom por el accidente de coche que mató a sus hijos y le seccionó la pierna izquierda.

# CAPÍTULO 12
# LOS OSOS

Nacida en 1941, Susan Barnes creció en Phoenix, Arizona, cuando la ciudad iniciaba su rápida expansión hacia los suburbios. Su padre, un rico ejecutivo de prensa, proporcionó a Susan la vida más cómoda que el dinero podía comprar en aquella época, pero él sabía que algo iba mal. Él y su mujer sabían que su hija padecía una enfermedad mental. Su habla y su pensamiento eran desorganizados y a menudo tenía creencias delirantes en las que veía u oía cosas que en realidad no existían. Sin embargo, Susan no estaba de acuerdo y creía que tenía poderes especiales. Los llamaba poderes psíquicos o místicos. Podía ver el futuro y el pasado. Por desgracia, un psiquiatra clínico no estaba de acuerdo con sus padres y les dijo que no se preocuparan: que Susan sólo era una joven excéntrica.

A finales de los años cincuenta, Susan se casó con un rico hombre de negocios y vivieron una vida lujosa en Scottsdale, Arizona, con sus dos hijos. Sin embargo, cuando los chicos entraron en la adolescencia, Susan se desilusionó del matrimonio y sus ojos se desviaron. Empezó a mantener relaciones sexuales ocasionales con hombres jóvenes, muchos de los cuales eran compañeros de clase de sus propios hijos. A finales de los sesenta, su marido se dio por vencido y le pidió el divorcio.

A lo largo de la década de 1970, continuó con sus hazañas sexuales y se involucró en la cultura hippie del amor libre de la época, teniendo más de 150 parejas sexuales. Susan había renunciado a una vida elegante de golf y clubes de campo por una vida de antros de drogas oscuros y sórdidos.

La primera vez que consumió LSD, Susan se despertó a la mañana siguiente y descubrió que las paredes de su propia casa habían sido pintadas con extraños triángulos y que su nombre estaba garabateado por toda la casa. Había cortado casi todo contacto con su familia. Era habitual que estuviera colocada de LSD, hachís, peyote, mescalina o cualquier cosa que pudiera conseguir. Cuantas más drogas consumía, más se apoderaba de su vida su enfermedad mental.

En una fiesta del Día de Acción de Gracias de 1977, Susan conoció a un traficante de marihuana aficionado llamado James Clifford Carson. Aunque Carson era nueve años más joven que ella, estaba casado y tenía una hija de cuatro años, él también había empezado recientemente a alejarse de su vida doméstica y a adentrarse en la contracultura hippie. Cuando conoció a Susan, quedó hipnotizado. Le fascinaba su estilo de vida bohemio y de espíritu libre, y ella sentía lo mismo por él. Ambos sintieron al instante un magnetismo animal el uno por el otro y, a partir de ese momento, nada más importó.

———

A James le diagnosticaron de joven una rara enfermedad ósea que le hizo necesitar muletas durante sus primeros años escolares. Su discapacidad le convirtió en el blanco de los matones, pero en el instituto ya había superado la enfermedad y estudió Filosofía China en Iowa, donde conoció a su esposa, Lynn. Mientras Lynn estudiaba un máster, James se quedó en casa para criar a su hija, Jennifer. James era un buen padre y atesoraba cada momento que pasaba con Jennifer, pero todo cambió cuando conoció a Susan Barnes.

———

La atracción que James sentía por Susan era abrumadora. A los pocos meses de conocerla, se había divorciado de su mujer, Lynn, y se había casado con Susan. A pesar de su extraño comportamiento, Susan era todo lo que él había soñado.

Las drogas y las enfermedades mentales consumían a Susan Carson. Sólo pensaba en sus delirios y paranoias. Tras un viaje de LSD especialmente intenso, Susan se convenció de que era una bruja y estaba poseída por el diablo. Creía que tenía un agujero en la parte superior de la cabeza por el que le entraban malas vibraciones en el cráneo. Estaba convencida de que el agujero había sido creado por aparatos eléctricos.

James hizo todo lo posible por calmar a su mujer y asegurarle que no era una bruja en absoluto. En lugar de eso, insistió, era una yogui y el agujero de su cabeza era una señal de que había sido elegida por Dios para recibir mensajes directamente de él.

Los fines de semana para Jennifer Carson, de cuatro años, significaban que pasaría el sábado y el domingo con su padre y su nueva madrastra, Susan Barnes Carson. En la casa de James y Susan no había muebles, salvo una cama de agua en el dormitorio. El resto de la pequeña casa estaba lleno de macetas con plantas. Jennifer dormía en el suelo, en un saco de dormir. Susan, sin embargo, no quería saber nada de la niña. Susan la llamaba a menudo demonio y le decía que había que matar a los demonios. Susan era vegetariana y cuando Jennifer le pidió un bocadillo de mortadela, le dijo que estaba condenada a freírse en el infierno porque comía carne.

Un domingo por la noche, cuando Jennifer volvió a casa con su madre, Lynn observó unas ronchas rojas en la espalda de su hija. En el centro de la espalda tenía varios rasguños largos, algunos de los cuales habían roto la piel. Cuando le preguntó cómo se había hecho esas ronchas, Jennifer le contó a su madre que le había pedido a Susan, la nueva esposa de su padre, que le diera un masaje en la espalda antes de acostarse. Como hacía su madre. En lugar de eso, Susan clavó sus uñas en la espalda de la niña. En ese momento, Lynn supo que tenía que sacar a su hija de aquella situación.

Lynn había oído que James y Susan planeaban un viaje de un año a Europa y le preocupaba que intentaran llevarse a Jennifer con ellos. Sabía que si se llevaban a Jennifer fuera del país, sería la última vez que vería a su hija. Antes de que tuvieran la oportunidad, Lynn envió a Jennifer a vivir con unos parientes en California.

———

En 1979, James y Susan emprendieron un viaje de un año de duración en el que recorrieron el Reino Unido, Francia, Israel y la India. Cuando regresaron a Estados Unidos en 1980, ambos habían sufrido una transformación drástica. Ya

no eran James y Susan Carson. Se habían convertido en
Michael Bear y Suzan Bear. Ambos se convirtieron al Islam
durante su estancia en Jerusalén, pero con su propia inter-
pretación psicótica del Corán.

Dos días después de su regreso a Estados Unidos, se habían
trasladado a San Francisco y Suzan fue detenida por
desnudez pública y posesión de marihuana. Se declaró
culpable del cargo y recibió seis meses de libertad condicional. Vivían en la infame zona de Haight Ashbury de San
Francisco, que se hizo famosa por ser el epicentro de la
contracultura hippie a finales de los 60 y principios de los 70.

La detención había provocado en la pareja un fuerte odio
hacia el gobierno, las fuerzas del orden y cualquier tipo de
figura de autoridad, y habían jurado no volver a pagar
impuestos.

Suzan y Michael se sumergieron en la cultura hippie y se
pusieron en contacto con jóvenes de la zona fácilmente
influenciables, muchos de los cuales eran fugitivos, e intentaron crear su propia secta.

Sus creencias se basaban en el vegetarianismo, el pacifismo y
el yoga, pero se apoyaban mucho en su versión equivocada
del Islam. Predicaban el misticismo, la anarquía y el consumo
excesivo de drogas psicodélicas. Pero, lo más importante,
creían que Dios les había encomendado librar al mundo de
las brujas, los homosexuales y los partidarios del aborto.

Una de sus primeras seguidoras fue una chica de veintitrés
años llamada Keryn Barnes. Keryn era una aspirante a actriz
que se había mudado recientemente a San Francisco desde
Georgia. Era joven, atractiva y fácilmente persuadible por
Michael y Suzan. Sin embargo, a medida que Michael y
Keryn se iban acercando, los celos de Suzan desencadenaron

su psicosis. Cuando Michael le dijo a Suzan que quería que la joven se convirtiera en su segunda esposa, su cordura se desbordó.

Suzan, de cuarenta años, le dijo a su marido que estaba teniendo visiones psíquicas sobre Keryn. Podía ver a través de la dulce conducta de Keryn y visualizar su verdadera imagen. Keryn, proclamó, era un vampiro psíquico. Era una bruja que la había hechizado para robarle su fuerza, su belleza y su poder cósmico. Suzan dejó claro a su marido que aquella joven y hermosa muchacha tenía que morir.

La noche del 14 de enero de 1981, mientras Keryn Barnes dormía en el suelo de su apartamento del número 825 de la calle Shrader, Suzan Bear cogió una sartén de hierro fundido de la estufa, se la empujó a su marido y gruñó: "¡Es una bruja! Hazlo!" Michael golpeó a Keryn en la cabeza con la sartén hasta dejarla casi irreconocible. Luego cogió un cuchillo de pelar y le dio dos tajos en la garganta. Suzan no estaba satisfecha. Keryn seguía emitiendo gorgoteos. Seguía viva. Suzan cogió el cuchillo y la apuñaló en el torso once veces más.

———

Llamaron a la policía al día siguiente, cuando un fontanero que tenía que hacer una reparación descubrió el cadáver de Keryn en el suelo. Por toda la casa, los investigadores encontraron mensajes disparatados escritos en las paredes, muchos de ellos con el nombre "Suzan" garabateado debajo.

Aunque no hubo testigos del asesinato, los vecinos conocían bien a la extraña pareja que se había alojado en casa de Keryn Barnes y contaron a la policía lo que sabían. Los vecinos los conocían como Suzan y Michael Bear, que se referían a sí mismos como "guerreros musulmanes vegetarianos" y no creían en la electricidad ni en ningún tipo de gobierno. Dijeron que la pareja había estado viajando por California vendiendo marihuana y predicando que tenían la misión divina de librar al mundo de las brujas. También dijeron que Michael había estado intentando publicar un libro sobre sus retorcidas creencias. Un amigo íntimo de Keryn Barnes declaró a la policía que creía que tanto Suzan como Michael eran esquizofrénicos.

Los investigadores investigaron los nombres de Michael y Suzan Bear, pero no encontraron nada. Ni carné de conducir. Ni tarjeta de la seguridad social. Nada. Michael y Suzan huyeron de la casa y se dirigieron al norte, a Grant's Pass, en el sur de Oregón, donde permanecieron escondidos en una cabaña remota durante varios meses. Suzan quería estar lo más lejos posible de cualquier gran ciudad porque había tenido visiones de que cualquier día se produciría una guerra nuclear.

Cuando Michael convenció por fin a Suzan de que era seguro salir de su escondite, la pareja abandonó la cabaña y viajó a Nuevo México, volvió a Oregón y se instaló en el condado de Humboldt, California, en marzo de 1982, a medio camino entre San Francisco y la frontera sur de Oregón.

Tanto Suzan como Michael consiguieron trabajo en una granja de marihuana en la pequeña ciudad de Alderpoint, donde se les encargó cultivar las plantas y mantener la granja segura. A Michael le dieron un rifle del calibre 22 y patrullaba la granja para mantener alejado a cualquiera que quisiera robar las cosechas.

En mayo de 1982, mientras vigilaba la granja, Michael se enzarzó en una discusión con Clarke Stephens, de veintisiete años, que también trabajaba en la granja. Suzan se desquició durante el altercado y le gritó a Michael que Stephens era un demonio y había abusado sexualmente de ella. Tenía que morir. Michael hizo lo que le ordenó su enfurecida esposa y disparó a Stephens dos veces en la cabeza y una en el pecho, matándolo al instante.

Michael y Suzan arrastraron el cuerpo de Clarke por los campos de marihuana y se adentraron en el bosque, donde lo cubrieron de estiércol de gallina y le prendieron fuego. Aunque no había policías cerca cuando quemaron el cadáver, su paranoia, alimentada por las drogas, pudo con ellos. Creyeron que la policía les estaba buscando, dejaron todas sus pertenencias y huyeron por el bosque.

Cuando los amigos y compañeros de trabajo de Clarke denunciaron su desaparición, la policía encontró sus restos carbonizados en el bosque junto con las mochilas que Michael y Suzan habían dejado. Dentro de las mochilas encontraron un cuaderno. Era un manifiesto escrito a mano. En él se detallaban las creencias psicóticas de los Osos y su intención de librar al mundo de las brujas, incluido el entonces presidente Ronald Reagan, el gobernador de California Jerry Brown y el personaje televisivo Johnny Carson.

———

Una vez más, los investigadores recibieron los nombres de Michael y Suzan Bear, pero no pudieron encontrar ningún registro de ellos en ninguna base de datos gubernamental. Sin embargo, sus compañeros de trabajo pudieron proporcionar una descripción física exacta. Se mostró a las autoridades de toda California un dibujo composite de la cara de Michael y se les dijo que estuvieran atentos a la pareja de psicóticos.

Habían pasado seis meses sin ninguna pista sobre el paradero de Michael o Suzan Bear. En noviembre de 1982, Michael estaba haciendo autostop en Los Ángeles cuando un conocido que sabía que lo buscaban por asesinato vio a Michael en el arcén de la carretera. En lugar de llevarle, el hombre llamó a la policía de Los Ángeles.

Aquella mañana se había publicado un boletín de la policía de Los Ángeles para que los agentes estuvieran atentos a un sospechoso de agresión sexual no relacionado. Cuando el agente encontró a Michael haciendo autostop, creyó erróneamente que estaba recogiendo al sospechoso de agresión sexual y no a un sospechoso de asesinato. Michael se parecía vagamente a la descripción del sospechoso de agresión sexual. Le recogieron, le esposaron, le metieron en el coche de policía y le llevaron a comisaría, donde le pusieron en una rueda de reconocimiento con otros cinco hombres. Cuando la víctima no lo eligió de la rueda de reconocimiento, Michael Bear fue puesto en libertad sin cargos.

Dos días después, la policía se dio cuenta de que el agente que lo había detenido había cometido otro error importante: no había registrado adecuadamente a Michael antes de meterlo en el coche patrulla. Michael había escondido una pistola entre los cojines de los asientos de la parte trasera del coche.

Cuando la policía consultó el registro del día de su detención, se dio cuenta de que afirmaba no tener carné de conducir y facilitó un nombre y una dirección en Arizona. El nombre que facilitó no era ni Michael Bear ni James Carson. Creyéndose muy listo, Michael había dado el nombre y la dirección del ex marido de Suzan en Scottsdale, Arizona.

Cuando los detectives se pusieron en contacto con el ex marido de Suzan y le enseñaron la foto de la detención, les dijo que buscaban a un hombre llamado James Carson, que también se hacía llamar Michael Bear. Tras investigar un poco, los detectives compararon la foto de la detención con el retrato robot del asesinato de Clarke Stephens en el norte de California. Fue entonces cuando se dieron cuenta de que acababan de liberar a un asesino.

Pasaron varios meses más y Michael y Suzan se dirigían a Santa Rosa, California, por la autopista 101, cuando Charles Hillyar apartó su camión a un lado de la carretera y se ofreció a llevar a la pareja. Con Suzan sentada en el centro y Michael en el lado del pasajero, los problemas empezaron casi de inmediato.

La pierna de Hillyar rozó la de Suzan y ésta montó en cólera. Gritó que había abusado sexualmente de ella. Entonces Suzan le dijo a Michael que la buena samaritana que acababa de llevarles era una bruja y tenía que morir.

Hillyar apartó el camión a un lado de la carretera y Michael atacó. Tanto Hillyar como Michael salieron del camión y la pelea continuó en el arcén de la autopista durante casi diez minutos, mientras los automovilistas que pasaban por allí aminoraban la marcha para mirar. Sin embargo, la pelea terminó cuando Suzan encontró una pistola debajo del asiento del camión, se la entregó a Michael y gritó: "¡Mata a la bruja!".

Michael disparó y mató a Hillyar, que cayó al suelo a la vista de varios automovilistas que pasaban. Michael y Suzan huyeron en el camión mientras los testigos llamaban a la policía. Michael y Suzan Bear condujeron a la policía en una persecución a gran velocidad hasta que finalmente se estrellaron en una cuneta de una carretera sin salida del condado de Napa.

Tras su detención, Michael y Suzan Bear dijeron a los detectives que sólo hablarían con ellos con una condición: querían una audiencia. Si la policía accedía a una rueda de prensa televisada, les contarían todo lo que quisieran saber. Los fiscales accedieron y se organizó una rueda de prensa para el 12 de abril de 1983.

Michael y Suzan se besaron, se abrazaron, sonrieron y rieron cuando las cámaras de televisión les dieron en la cara. No tenían nada que ocultar y no se guardaban nada. Durante más de cinco horas, los dos divagaron con desquiciadas teorías conspirativas sobre brujas y demonios y explicaron sus desquiciadas visiones del mundo.

Detallaron cómo habían matado a Keryn Barnes porque Suzan había recibido órdenes de matarla de Dios durante una tormenta.

"Cada vez que Suzan decía que había que matar a Keryn, el trueno aplaudía", afirmaba Michael.

Continuó explicando los sonidos de la sangre brotando de su cuello cuando la apuñaló y cómo le golpeó la cabeza tan fuerte como pudo con la sartén. Afirmaron que Keryn era una "farsante religiosa" y había "fingido su conversión al islam y estaba drenando secretamente a Suzan de sus poderes místicos".

Se rieron y sonrieron y dijeron a las cámaras que habían hecho un favor al mundo deshaciéndose de las brujas. Dijeron que Ronald Wilson Reagan tenía que morir porque cada uno de sus nombres tenía seis letras, lo que significaba que era un demonio que llevaba la marca de la bestia: seis-

seis-seis. Michael continuó: "No tuve más remedio que cometer los asesinatos. Era parte del Corán".

Suzan habló largo y tendido sobre sus capacidades psíquicas y sobre cómo ella y Michael se habían encontrado en realidad varias veces en sus vidas pasadas, una vez en la Edad Media y otra en el antiguo Egipto. En esta vida había estado buscando a su verdadero amor y lo había encontrado de nuevo en el Oso Miguel.

––––––––

Michael y Suzan Bear creían que no existía la casualidad y que todos los objetos del universo estaban vinculados por un principio místico. Creían que eran guerreros islámicos elegidos por Dios. Michael habló de sus conocimientos de kárate y de cómo se disponía a utilizarlos para luchar contra los rusos y la oscuridad que se extendía por América.

Suzan creía que las gafas eran malignas porque interferían con el tercer ojo del alma. Por eso se negaba a que Michael llevara gafas cuando conducía, a pesar de su horrible visión.

Suzan también tenía una extraña opinión de Charles Manson. En realidad, Manson nunca mató a nadie y, en cambio, hacía que sus seguidores hicieran el trabajo sucio. Suzan creía que eso le convertía en un "criminal de clase baja" que no estaba dispuesto a ensuciarse las manos. A menudo animaba a Michael a ser menos como Manson y a cometer él mismo los asesinatos.

––––––––

A pesar de la conferencia de prensa pública, Michael y Suzan Bear se declararon inocentes justo antes del juicio. En junio de 1984, fueron condenados por los tres cargos de asesinato en primer grado. Ambos recibieron veinticinco años de prisión por el asesinato de Keryn Barnes. Recibieron cincuenta años más por el asesinato de Clarke Stephens y de setenta y cinco años a cadena perpetua por el asesinato de Charles Hillyar.

Jennifer Carson, hija de Michael Bear / James Carson, visitó por fin a su padre en la cárcel años después, en 1997, donde éste divagó durante tres horas sobre disparates conspirativos. Después dijo a los periodistas: "Mi padre ya no está ahí".

En 2020, 1.400 presos ancianos recibieron audiencias anticipadas de libertad condicional debido al hacinamiento en las cárceles de California. Suzan Bear no se presentó a su audiencia. También Michael negó su oportunidad de obtener la libertad condicional, diciendo a los funcionarios de prisiones: "Nadie va a concederme la libertad condicional porque no renunciaré ni he renunciado a mis creencias".

Los Osos siguen siendo sospechosos de casi una docena de asesinatos más en Estados Unidos y Europa.

**Apéndice en línea**

Visita mi sitio web para ver más fotos y vídeos relacionados con los casos de este libro:

http://TrueCrimeCaseHistories.com/vol9/

## Más libros de Jason Neal

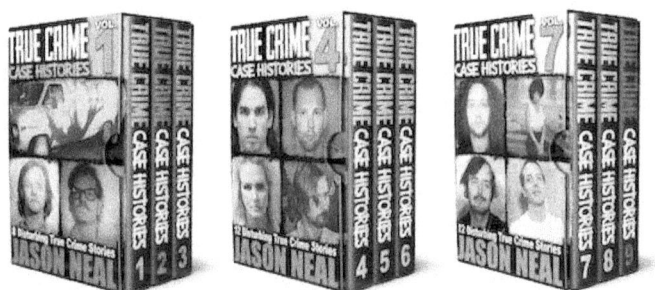

¿Buscas más? Constantemente añado nuevos volúmenes de Historias de crímenes reales y todos los libros están también disponibles en rústica, tapa dura y audiolibros, y **pueden leerse en cualquier orden**.

**Consulta la serie completa en Amazon.**

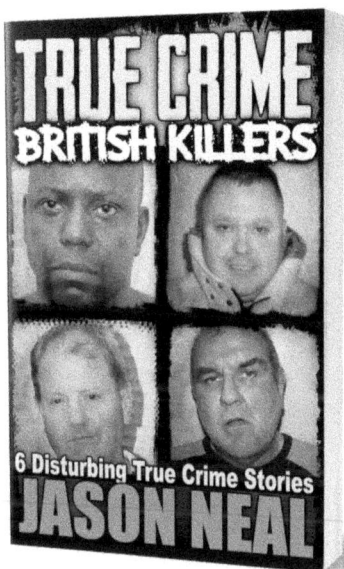

**FREE Bonus Book
For My Readers**

**Click to get
your free copy!**

Como forma de decirte "Gracias" por descargarlo, te regalo GRATIS un libro de crímenes reales que creo que te gustará.

https://TrueCrimeCaseHistories.com

¡Sólo tienes que hacer clic en el enlace de arriba para indicarme dónde debo enviarte tu libro gratuito!

Elige tu audiolibro gratuito de True Crime

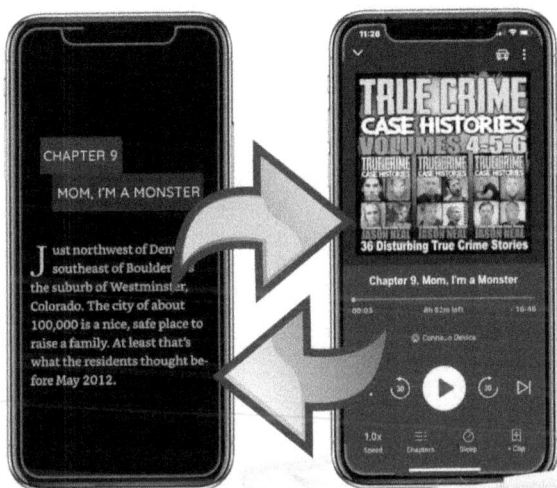

**Add Audible Narration and** Keep the Story Going!
**Plus Get a** FREE True Crime Audiobook!

Alterna entre escuchar un audiolibro y leer en tu Kindle. **Además, ¡elige tu primer audiolibro GRATIS!**

https://geni.us/AudibleTrueCrime

# GRACIAS.

Gracias por leer este volumen de Historias de crímenes reales. Espero de verdad que lo hayas disfrutado. Si lo has hecho, te agradecería sinceramente que dedicaras unos minutos a escribir una reseña para mí en Amazon utilizando el enlace que aparece a continuación.

https://geni.us/TrueCrime10

También me gustaría animarte a que te inscribieras en mi lista de correo electrónico para recibir actualizaciones, descuentos y regalos de futuros libros. Te prometo que haré que merezca la pena con futuros obsequios.

http://truecrimecasehistories.com

Y, por favor, tómate un momento y sígueme en Amazon.

Una última cosa. Como he mencionado anteriormente, muchas de las historias de esta serie me fueron sugeridas por lectores como tú. Me gusta presentar historias de las que muchos aficionados al crimen real no han oído hablar, así que si hay alguna historia que recuerdes del pasado y que no hayas visto cubierta por otras fuentes de crimen real, envíame los detalles que puedas recordar y haré todo lo posible por investigarla. O si quieres ponerte en contacto conmigo por cualquier otro motivo, no dudes en enviarme un correo electrónico a

jasonnealbooks@gmail.com

https://linktr.ee/JasonNeal

Muchas gracias,

Jason Neal

# SOBRE EL AUTOR

Jason Neal es un autor estadounidense superventas de novela policíaca que vive en Hawai con su esposa turco-británica. Jason comenzó su carrera de escritor a finales de los ochenta como editor de la industria musical y escribió su primera colección de crímenes reales en 2019.

De niño, cuando crecía en los años ochenta al sur de Seattle, Jason empezó a interesarse por las historias de crímenes reales tras oír las noticias del Asesino de Green River, tan cerca de su casa. En los años siguientes leía todo lo que caía en sus manos sobre crímenes reales y asesinos en serie.

Al acercarse a los 50, Jason empezó a recopilar historias de los crímenes que más le han fascinado a lo largo de su vida. Le obsesionan especialmente los casos resueltos por pura suerte, un trabajo policial asombroso y una tecnología innovadora, como los primeros casos de ADN y, más recientemente, la genealogía inversa.

www.ingramcontent.com/pod-product-compliance
Ingram Content Group UK Ltd.
Pitfield, Milton Keynes, MK11 3LW, UK
UKHW021643181125
9046UKWH00024B/544